정책학의 심층이론

높은 차원의 정책학 이론 고찰

권기헌

DEEP THEORY OF

Policy Science

정책학의 심층이론

박영사

"나의 꿈, 정책학의 심층이론"

 정책학은 1951년 라스웰H. Lasswell이 창시한 학문이다. 그것은 민주주의 정책학의 기치를 내걸고 제도와 절차를 갖춘 훌륭한 학문체계이지만, 필자가 느끼기에는 형이상학적 철학의 고찰이 결여된 것이었다. 마치 12세기 남송南宋의 주자朱子가 공자의 유학에서 형이상학적 철학우주론, 이기론을 보완하여 성리학을 완성한 것처럼, 필자는 본고에서 정책학의 심층이론을 중심으로 정책철학의 상위 체계를 정립하고자 한다.

 때마침 필자는 정년퇴임을 앞두고 마지막 강의를 준비하고 있었다. 주제를 뭐로 할까 고민하다가 동료 교수의 제안에 따라 정책학의 심층이론DEEP THEORY OF POLICY SCIENCE으로 하기로 했다.

 돌아보니, 내가 성균관대 행정학과에서 전임을 받아 강의를 시작한 것은 2005년 3월이었다. 내 강의를 물려주신 분은 한국 정책학의 기초를 닦으신 허범 교수님이었는데, 그 분은 한국정책학회를 창설하신 제1세대 정책학자였다. 그야말로 라스웰H. Lasswell의 인문주의적 사상에 천착하여 인간의 존엄에 기초한 정책학의 이상과 과제Ideal Vision & Task for Policy Science, 정책설계론Policy Design 등에 한 생애를 바친 학자이시다. 그렇기에 나에겐 그 분의 정책학 전통을 물려받아 성균관대에 걸맞은 정책학 이론을 나름대로 발전시켜 나가야 한다는 일종의 사명감 같은 것이 있었다.

정책학의 전통은 대략 정치학적인 전통, 경제학적인 전통, 철학적인 전통 등 크게 세 분류로 나눠볼 수 있다. 그 중 철학적인 전통은 정치학적 과정론관료제 및 거버넌스, 경제학적 계량 방법론미시경제학 및 계량경제학과 함께 정책학의 이념 및 가치의 토대를 제공하는 인식론적 영역이었다. 말하자면, 좋은 정책이란 무엇인가? 좋은 정부란 무엇인가에 대한 근본적 질문을 토대로 정책학의 창시자 라스웰이 내세운 인간의 존엄성에 대한 깊은 사상적 탐구를 하는 영역이었다.

이러한 인간의 근본적인 사상적 가치를 정책학에 접목시키면 어떤 정책이 좋은 정책인가? 사람을 행복하게 만드는 정책은 무엇인가? 행복이란 무엇인가? 행복과 인간의 의식은 어떻게 연결되어 있는가? 이들을 충족시키기 위한 분석의 방법론 혹은 정책의 설계는 어떻게 추구되어야 하는가? 등의 질문들을 다루게 된다.

이러한 정치 철학에 대한 나의 개인적 선호로 인해 정책의 철학과 근원적 가치에 대해 연구하는 일은 가슴 뛰는 주제였다.

정책학의 근원적 명제는 무엇인가? 인간의 존엄성을 증진시키기 위한 새로운 정책모형은 무엇인가? 인간이란 대체 어떨 때 행복할 수 있으며, 인간에게 있어 근본적 가치란 무엇인가? 이러한 문제를 해결하는데 있어 동서양의 철학적 사상은 어떤 이야기를 해주고 있으며, 인간 정신에게 있어 근원적 가치란 무엇인가? 이러한 형이상학적 문제를 정책학에 어떻게 접목시킬 수 있을까? 말하자면, 이러한 질문들은 내가 학문 연구를 하면서 계속 가슴 속에 담아 두었던 학술적 수수께끼Academic puzzle였다.

정책학이론은 왜 유달리 인간의 존엄성을 강조할까?

정책학의 인문주의적인 요소들을 정리하면서 키워드가 하나 떠올랐는데, 그것은 "높은 단계의 플랫폼"이었다. 동서양 고전과 현대 인문학 이론들을 검토하면서 세상에는 낮은 단계와 높은 단계의 플랫폼문제 및 해결책이 있다는 점을 발견할 수 있었기 때문이다. 물론 중간단계도 있겠지만 여기서 중요한 점은 높은 단계의 접근법Solution이었다. 이를 조금 더 깊게 사유하다 보니 그것은 어느새 정부와 정책과 인간을 하나로 꿰는 핵심적 연결 고리가 되어 있었다.

그러다가 갑자기 궁금해졌다. 인류 역사를 살다 간 선배 학자들은 낮은 단계와 높은 단계의 정신에 대해 뭐라고 말했을지 플라톤, 칸트, 하버마스, 퇴계, 주자 등 동서양 철학자들의 사유와 논리를 찾아보았고, 그러다가 서양의 스토아 철학과 조선의 성리학 체계를 비교해 보았다. 허범, 안병영 등 국내 정책학자들의 선행 연구를 탐색하다가, 해롤드 라스웰H. Lasswell, 찰스 앤더슨C. Anderson 등 정책학을 창시한 대가들의 패러다임과 다시 비교해 보았다. 이러한 정책학적 사고는 곧이어 임마뉴엘 칸트I. Kant, 위르겐 하버마스J. Habermas, 아브라함 매슬로A. Maslow, 마이클 샌델M. Sandel로까지 확장되었다.

내 눈에는 그들 모두 높은 차원의 플랫폼을 지적하고 있었다. 세상에는 낮은 단계의 질서와 높은 단계의 질서가 있는데, 우리는 낮은 차원의 물질을 넘어 높은 차원의 비전과 꿈Social Vision & Dream을 지향해야 한다는 주장을 일관되게 하고 있었다. 사회적 구성에 있어 사람이 사람답게 살아야 할 당위성當爲性, 즉 목적 지향적 사회를 제시하면서 그 실천 방안을 제시하고 있었다.

인간이 걸어야 할 길은 무엇이며, 그 완성으로 가는 지향점은 무엇인가? 사회를 구성하는 원리는 무엇이며, 그것을 완성시키는 방안은 무엇인가? 정부는 무엇을 위해 존재하고, 국민을 위해 어떤 정책을 설계하고 지원해야 하는가?

거기에는 낮은 차원과 높은 차원이라는 서로 다른 종류의 해답이 있었으며, 높은 차원의 해결책을 실현하려면 하나의 플랫폼이 필요했다. 물질과 제도만으로는 설명할 수 없고, 이념과 철학을 포함한 하나의 체계성 있는 구성물, 즉 철학philosophy, 이념idea, 구조structure, 방법론method을 하나로 연결하는 높은 단계의 플랫폼이 필요했던 것이다. 이 작은 책자는 이러한 문제의식을 토대로 구성되었다.

최근 우리는 인류 문명의 모순을 목격하고 있다. 찬란한 첨단과학과 물질문명의 정점을 목격하는 한편 전쟁과 파괴, 바이러스, 기후 재난 등 긍정과 부정, 번영과 비탄이 뒤섞인 혼돈과 모순을 목격하고 있다. 정부의 방향을 선언하는 정책학의 이론 역시 낮은 단계의 증오와 질투, 부패와 무능, 무책임을 넘어선 높은 단계의 플랫폼이 필요하다.

학술 흐름들

정책학이론이란 라스웰H. Lasswell에 의해 주창된 정책학이라는 학문이 탄생하고, 그 이후 학문이 발전해 오는 과정에서 나타난 다양한 관점의 학술사적 이론을 정리한 학문 분과를 말한다. 정책학이론을 지탱하는 기반에는 세 가지 학술적 흐름school of thought이 있는데, 그것은 정치학적 흐름권력구조, 정책결정, 정치과정, **경제학적 흐름**통계학, 미시경제학, 계량방법론, 그리고 **철학적 흐름**인간의 존엄과 실천적 이성, 인문주의적 가치를 강조하는 정책 철학과 윤리**이다.**[1]

첫째, 정치학적 흐름은 정책의 구조기능론적인 측면과 연결된다. 정책이 발생하는 장소locus인 정부크게는 행정, 입법, 사법을 총칭함의 권력구조와 기능, 거버넌스, 그리고 정치과정론적인 측면을 주로 분석한다. 정책과정론, 권력구조, 정책결정모형 등으로 전개된다.

둘째, 경제학적 흐름은 정책의 분석방법론적인 측면과 연결된다. 통계학과 미시경제학, 정책의 비용과 편익, 규제의 강도, 정책대안의 선택을 위한 계량적 논리와 근거를 제공한다. 증거 기반 정책학, 정책분석론, 정책평가론 등으로 전개된다.

셋째, 철학적 흐름은 정책의 형이상학적 측면과 연결된다. 정책이 근본적으로 왜 존재해야 하는지에 대한 정책의 윤리적 근거와 인간의 존엄 및 실천적 이성을 토대로 한 철학적 기반을 제공한다. 정책학의 창시자, 라스웰H. Lasswell은 처음부터 인간의 존엄이라는 가치를 지고한 이념으로 강조했기에 가장 중요한 영역이며, 이는 다양한 형태의 정책철학과 윤리 혹은 정책이념 등으로 전개된다.

본서는 이 중에서 특히 세 번째 전통, 그러니까 철학적 흐름에 초점을 두고 논의를 전개하고자 한다.[2] 이를 위해 인간의 존엄 및 인문주의적 가치를 강조하는 정책학이론의 선행연구를 탐색하고, 이를 창조적으로 발전시키기 위한 학술적 노력을 전개하고자 한다. 이러한 노력은 한 마디로 말해 높은 단계의 정책학 플랫폼을 구성하려는 창조적 사유와 논리라고 규정할 수 있겠다.

높은 차원의 의식

우주에서 하느님의 시각으로 보면 인간은 신을 아는 사람과 모르는 사람, 둘로 나뉜다. 신을 모르는 사람은 낮은 단계의 동물적 본성에 갇혀 있으며, 신을 아는 사람은 이러한 본성을 극복하고 높은 도덕과 신성을 발현한다.

동물에게는 신성을 담은 영靈이 없어 높은 의미의 도덕이나 신을 향해 나아가려는 의지가 없다. 인간 역시 낮은 단계에서는 생존과 이기심에 집착하며, 높은 단계로 갈수록 신성을 깨닫고 높은 차원의 삶으로 나아간다. 그것은 주변을 향한 사랑, 지혜, 예절, 정의로 나타난다.

인간들에게 신성의 본질을 일깨워 주신 예수는 광야에서 높은 차원의 의식을 깨달았다. 그 높은 차원의 의식은 신성을 담고 있었으며, 그러한 영적인 깨어남은 인류에게 빛을 가져다주었다. 그 빛은 사랑이며 평화이며 완벽한 충만감이었다.

> 광야에서 나는 내면의 찬란한 빛 속으로 높이 고양되었고 놀랍게 살아 생동하는 권능을 느꼈다. 나는 황홀감과 환희에 충만하여 이 내면의 권능 이야말로 모든 피조물에 존재를 부여한 진정한 창조자임을 한 치 의심 없이 알았다. 이 찬란한 내적 조화와 평화, 그리고 그 아름다운 순간 위에 아무것도 더할 필요가 없는 완벽한 충만감이야말로 바로 창조계와 존재에 생명을 주는 실재Reality, 창조적 권능의 본성이었다.[3]

세상은 견고한 물질로 보이지만 사실은 마음의 파동으로 이루어져 있다. 그 어떤 것도 실제로는 견고하지 않았다. 그 안을 자세히 들여다보면, 그 구조는 열려있으며 매우 유동적이다. 미세한 티끌들의 아물거림 속에서 전하電荷띤 입자들은 끊임없이 조직되고 어떤 패턴으로 만들어지는데, 그 내면에서는 창조적 의식이 언제나 작용하고 있었다. 창조자의 의식이, 그 권능이, 그들의 배후에서, 안에서, 또 그 너머에서 파동으로 창조하고 있었던 것이다.

이것을 볼 수 없고 따라서 모르는 인간은 겉으로 드러난 개체가 전부인 줄 안다. 그 안에, 배후에, 그 너머에 창조적 권능이 있는 것은 모르는 것이다. 보이는 것이 전부인 줄 알고, 본질과 외양이 전도顚倒된 인생을 산다.

태초의 말씀[4]Logos은 최초로 나타난 높은 파동인데, 그 파동 이전에 존재하고 있었던 무한하고 높은 차원의 신성한 의식은 무엇이었을까? 그리고 그 신성한 의식은 애초에 왜 생명체 내부에 들어오게 되었을까? 그 이유와 촉발 원인은 무엇이었을까?

우파니샤드는 말한다. "태초의 말씀로고스 이전의 무한한 순수의식은 태어난 바 없는, 불생不生이다." "불생不生(우주심, 무한자)으로 알려진 높은 차원의 의식은, 통상의 감각으로는 포착할 수 없으며, 모든 물질 안에 침투되어 있으며, 따라서 편재한다."(스베타스바타라 우파니샤드). 이처럼, 태초 이전에 이미 계셨던 무한하고 높은 차원의 의식은 인간을 정화하고, 그리하여 개인의식을 높은 차원으로 고양시키고, 그리고 더 높은 영적 차원으로 이끌어 주신다.

인간의 생각과 번뇌는 낮은 차원의 파동이며, 생각보다 더 깊은 곳 심층의식 속에서 높은 차원의 파동을 만날 수 있다. 개체를 넘어서 순수한 근원으로 돌아갈 때, 그 고요하고 텅 빈 곳에서 높은 차원의 의식과 하나가 된다.

이처럼 인간에게는 낮은 단계와 높은 단계의 의식이 함께 존재한다. 동물에서 기인하는 육적인 본능을 벗어던지고 높은 단계의 신적 이성과 잠재성을 발현할 때 인류는 더 높은 단계의 생명체로 진화할 수 있을 것이다.

문제의식

우리 내면의 깊은 곳에는 심층의식이 있다. 고요하고 밝은 순수한 알아차림으로만 존재하여 순수의식이라고 부른다. 창조성의 원천이라고 하여 창조의식 혹은 근원의식이라고도 부른다. 우리의 생각이나 번민 너머에 존재하는 이 창조의식은 생명과 존재의 충만감으로 고양된 높은 차원의 의식이다. 이처럼 고양된 의식은 우리가 고요하고 텅 빈 마음으로 깨어있을 때, 혹은 어디 고요하고 평화로운 곳에서 순수한 묵상에 잠길 때, 우리의 내면이 온통 순수한 존재감으로 충만하고 존재의 기쁨으로 가득 찰 때 다가온다. 그럴 때 우리의 의식은 높은 주파수의 파동으로 들어 올려진다.

그 순수한 의식은 높은 파동으로 존재하고, 고요함과 텅 빔 속에 다가온다. 빛과 소리를 통해, 혹은 고양된 체험을 통해 나타난다. 그것은 정신의 깊이와 존재론적 각성을 통해 나타난다.[5] 높은 차원의 파동을 통해 순수해진 자는 고양될 수 있었고, 그 순수하고 선한 뜻은 가슴으로 전달되었다. 이것은 인간이 지향해야 할 궁극적인 길이었고, 가장 높은 차원의 의식이었다.

정책학 역시 인간을 다루는 학문이다. 정부의 지도자도 국민도 모두 인간이다. 그러니까 사람이 사람으로서 해야 할 도리를 연구하고, 모여 사는 공동체에서 함께 행복할 수 있는 길을 연구하는 게 정책학이다. 그러면서 보다 높은 차원의 정신의 구현을 위해 애써야 한다. 그게 정책학의 길이다. 그것은 한 마디로 높은 단계의 플랫폼[6]을 추구해야 한다.

사람들은 흔히 눈에 보이는 물질과 제도만이 전부인 걸로 착각한다. 하지만 근본에서 보면 보이지 않는 가치와 정신이 보이는 세계를 형성한다. 그렇다면, 정책학은 보다 더 높은 차원을 열어두고 그것을 철학적 이념으로 삼아야 한다. 그리고 그러한 이념이 현실에서 구체적으로 실현될 수 있는 방안을 강구해야 한다.

정책학은 태동 초기부터 인간의 존엄성이라는 가치를 최고 이념으로 천명해 왔지만, 이러한 최고 이념은 신자유주의라는 공리功利적 흐름 속에서 퇴색되고, 계량도구에 집착하고 행태주의 방법론에 압도되어 하나의 수사修辭로 전락하고 말았다. 이러한 현상은 앞으로 첨단기술문명이 더욱 고도화될수록 더욱 두드러질 것이다.

따라서 우리는 인간의 존엄을 강조하고 인문주의적 전통을 강조하는 정책학의 이념을 보다 분명하게 정립할 필요가 있다. 이것은 단순한 언어言語나 수사修辭로 끝나서는 안 되며, 하나의 일관된 체계성을 갖춘 개념과 모형, 철학과 방법론으로 정립되어야 한다. 인간의 존엄성이라는 근본적 가치가 현실에서 어떻게 구현될 수 있을지를 연구해야 하며, 그것은 하나의 패러다임으로 나타나야 한다. 높은 단계의 체계를 갖춘 철학

• 그림   문제의식: 높은 차원의 정책모형의 탐색

논거(論據)

• 정책이념이 단순한 레토릭(rhetoric)으로 그쳐서는 안 된다.
• 정확한 구성(structure)과 포지셔닝(positioning)이 필요하다.
• 인간의 존엄성이라는 최고의 가치를 어떻게 하나의 체계성을 갖춘 철학, 이념, 모형, 방법론으로 정립할 것인가?
• 라스웰의 인문주의적 가치를 업데이트할 시대정신(時代精神)은 무엇이며, 현대에서 계승·발전시킬 새로운 모형(模型)과 방법론(方法論)은 무엇인가?

philosophy, 이념idea, 구조structure, 방법론method이 그 패러다임이다. 본서의
문제의식은 여기에서 출발한다.

Contents 차 례

제4장

정책학의 인식론적 주제들   73

정책학의 인문주의적 가치에 대한 학술적 고찰

제5장

철학적 근거   83

정책학의 인문주의적 가치에 대한 철학적 고찰: 동서양의 철학적 뿌리 및 높은 차원의 플랫폼

근원에 대한 탐색

새로운 정책학의 패러다임을 찾아서:
인간의식의 심층근원을 중심으로

DEEP THEORY OF POLICY SCIENCE

1 근원에 대한 탐색

새로운 정책학의 패러다임을 찾아서: 인간의식의
심층근원을 중심으로

정책학의 근원에 대해 질문하기에 앞서 인간의식의 근원을 탐색해 보
았다. 인간의식의 근원을 알아야 인간의 왜 사는 것인지에 대한 기초적
답변을 할 수 있고, 어떨 때 행복을 느끼는지에 대한 심리적 기초를 알
수 있으며, 더 나아가 어떤 정책이 인간을 행복하게 만드는지 근본적인
답변을 할 수 있었다.

인간의식의 심층근원

탐구 과정에서 필자는 인간 의식에는 얕은 의식과 깊은 의식이 존재한
다는 것을 알게 되었다. 물질과 마음은 우주를 구성하며 서로 연결된 존
재이다. 물질은 분자, 원자, 원자핵(중성자, 양성자), 전자 등으로 점점 더

작아지다가 마침내 에너지 장에 귀결되듯이, 마음도 현상계 외부의 대상들과 관계하는 표층의식(개체의식)에서 점점 더 깊이 들어가다가 잠재의식, 무의식을 만나며 마침내는 심층의식으로 귀결되는 것이었다. 그것은 근원적인 에너지의 장場이며 양자장QUANTUM FILED, UNIFIED FIELD이었다.

인간의식에는 표층 의식과 심층의식이 존재한다. 마음의 표층은 깊은 바다의 겉면처럼 파도치고 일렁이며 다양한 물방울과 거품들이 튀어 오른다. 나, 너, 그로 나눠지며, 사람, 동물, 식물, 사물 등으로 나누어진다. 나我아 밖에 세상이 존재하며, 그 세상 안에서 각자의 삶을 사느라 오늘도 분투하고 있다. 내主體가 있고 나 바깥에 대상이 되는 사람이나 사물客體이 존재한다. 때론 좋은 관계로, 때론 긴장과 경쟁, 적대 관계로 존재한다. 이런 가운데 우리의 뇌는 분주하다. 생각하고 판단하고 준비하느라 분주하다. 작은 마인드가 분주한 것이다.

하지만 그게 삶의 전부는 아니다. 깊은 바다 안으로 좀 더 들어가 보자. 바다 안으로 더 깊숙이 들어간다는 것은 에고 마인드의 통제에서 벗어나는 것을 의미한다. 처음엔 저항하다가 더 깊어지면 통제권이 마인드에서 의식으로 넘어간다. 대략 바다 속 깊이의 50%를 넘어서는 순간 통제권은 마인드에서 의식으로 넘어간다. 이것은 매우 중요한 메시지이다. 우리 삶의 진정한 주체가 가아假我에서 진아眞我로 넘어가는 순간이다. 마인드에서 의식으로 주도권이 변경되며 우리는 이제 몽키 마인드의 번뇌와 잡념에서 벗어날 수 있다. 순수의식은 그 특징이 순수하며 광대무변하다. 고요하고 텅 비어 있으되 밝게 깨어있다. 마음은 순수하며 고요한 평화 속에서 깨어 있을 수 있다.

따라서 인간의 생각, 감정 등을 통해 표면적인 활동을 규정짓는 것은 표층의식이라고 부르지만, 사실상 그 활동을 본질에서 규정짓는 것은 심층의식이었다. 전자를 낮은 단계의 의식이라면 후자는 높은 단계의 의식

• 그림 1-1 인간 의식의 심층 근원

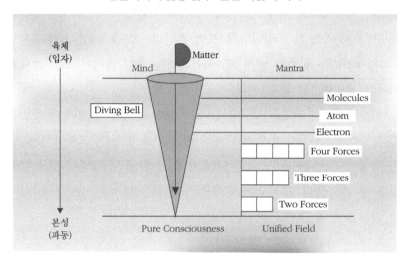

인간의식의 심층 탐구: 깊은 마음의 의식

이라고 부를 수 있다. 이에 필자는 정책학 연구도 낮은 단계와 함께 높은 단계에 대한 연구가 필요하다는 생각을 품게 되었다.

깨어있음

모든 것을 알고 늘 깨어있는 마음은 하늘처럼 투명하게 비어있다. 이 근원적인 직관, 지혜의 투명성 속에 만물이 깃들어 있다. 마음은 투명한 지성으로 스스로 깨닫는다.[7] 이 마음이 심층근원이며 심층의식이다.

한번 상상력을 발휘해 보자. 위의 그림 전체가 우주라고 가정해 보라.

우리는 그 중 표면의 일부에서 살고 있다. 그림 전체의 바다는 존재이며 빛을 비추는 광명이다. 전체가 하나의 큰 생명이며 의식이다. 이 전체의 의식이 나의 참 모습이다. 그리고 이 전체는 밝게 깨어있다. 온 세상이 생명력으로 가득 차 출렁인다. 나뭇잎 흔들리는 모습, 새들 지저귀는 소리, 윙윙거리는 꿀벌의 날개 짓, 하늘거리는 풀잎 속에서 모두 존재의 거대한 생명력으로 파동 친다.

나는 개체로서 이것을 모르고 있다. 존재의 큰 생명이 있어 내게 빛을 주고 있건만, 큰 광명이 있어 내게 의식을 주고 있건만, 그것이 진짜 나의 생명이요 존재이건만, 나는 나의 개체 몸 안에 내 생명이 따로 들어 있는 줄 알고 있다. 그리고 개체 생명이 다 하는 날 나의 삶은 모두 끝나는 줄로만 알고 있다.

차단과 집중

그림 속 바다 밑 그 깊은 심층 광원光源, 고요하고 텅 빈 밝은 알아차림에 도달하려면 어떻게 하면 될까? 그 순수하고 광대무변한 텅 빈 자리에 도달하려면 어떻게 해야 할까?

그 한 가지 방법은 차단과 집중이다. BLOCK OUT遮斷＋DEEP CHANGE變革이다. 외부 소음을 차단하고 내면에 집중함으로써 변혁을 이루는 것이다. 보조국사 지눌스님은 "오직 모른다."를 강조했다. "오직 모른다고 해라. 판단 중지하면但知不會 곧바로 불성을 보리라是卽見性."라고 했다. 이는 단지 모르는 마음을 통해 외부의 번뇌를 차단하는 것이다.

또 다른 방법으로는 내 내면에 고요하고 텅 빈 밝은 알아차림이 항상 존재한다는 것을 잊지 말고 항상 되새기는 것이다. 그 공적영지空寂靈知의 마음은 번뇌에 떼 묻지 않는다. 항상 밝게 빛나고 여여如如하게 비추고 있는 것이다.

"고요하고 텅 비었지만 밝은 알아차림"이라는 단어를 숙지하고 자신의 마음을 챙기며 심층 차원의 맑고 높은 파동을 유지하라. 그건 존재의 생생한 느낌이며, 내가 지금 여기 존재한다는 느낌이다.

양자장이론

조 디스펜자는 존재의 생생한 느낌, 심층에 존재하는 그 고요하고 텅 빈 의식의 장場을 양자장QUANTUM FIELD라고 불렀다.[8] 그것은 어떤 사람, 어떤 사물, 어떤 시간, 어떤 장소, 어떤 것도 아닌 시간과 공간을 초월한 모든 가능성을 모아 둔 에너지의 저장 공간 혹은 저장하는 식識이었다. 그것은 이름, 나이, 직업 등 나의 개성을 초월한 에너지 장場이며, 존재의 생생한 느낌이 발생하는 곳이었다.

조 디스펜자는 양자장 접속을 통해 현재의 나를 바꿀 수 있다고 했다. 가령, 현재 나의 존재 상태가 고통과 불안이라면 그러한 상태를 초래한 원인을 점검하는 한편, 그러한 상태의 원인 제공을 멈추어야 한다. 그것은 새로운 생각(분명한 의도)과 느낌(고양된 감정)을 지닌 새로운 정체성의 나로 재탄생해야 하는 작업이다.

그러기 위해서는 모든 것이 멈춘 양자장QUANTUM FIELD에 접속해야 한다. 그곳에서 아무 것도 아닌nothing, 그 어디에도 존재하지 않는no where, 그러나 모든 곳에 존재하는every where 새로운 나를 규정지어야 한다. 그것은 새로운 목표(분명한 의도)와 느낌(고양된 감정)을 지닌 새로운 정체성을 의미한다. 가슴 뛰는 새로운 목표를 설정하고 그렇게 변화된 나의 상태를 상상만 해도 기쁨으로 설레어야 한다. 양자장에 접속하여 현재의 생각과 감정이 끊어진 곳에서 나의 새로운 비전에 대한 희망과 기쁨이 높은 파동으로 넘쳐흘러 현재의 나를 압도하게 만들어야 한다.

우리의 목표는 누구에게나 좋은 사람이 되는 것은 아니다. 나를 속박하는 환경의 굴레에서 벗어나 익숙한 고통으로부터 탈피하는 것이다. 새로운 나로 재탄생하여 창조적인 삶과 기쁨을 맛보는 것이 목표이다. 가난과 불안이 주는 낮은 차원의 파동을 탈피하고 풍요와 희망을 주는 높은 차원의 나로 새롭게 고양되는 것이다.

잃어버린 기도의 비밀

세계인의 95%가 신비한 힘의 존재를 믿는다. 그리고 그 절반이 그 존재를 신이라고 응답했다.[9] 그렇다면 그 신이라는 존재는 어디에 있으며, 우린 어떤 방식으로 신에게 응답받을 수 있을까?

양자물리학의 아버지라고 불리는 막스 플랑크는 그것을 양자장 이론으로 풀었다.[10] 양자장이란 3차원 현실에 살고 있는 우리의 눈에 보이진 않지만 시간 공간을 넘어 존재하는 초월적인 에너지 장이며, 만약 신이 존재한다면 그 초월적인 에너지 장에 존재하는 절대적 힘이 곧 신이라고 보았다. 그 초월적인 에너지 장에 접속하면 우리는 자유, 평안, 지혜를 얻을 수 있다.

초월적인 에너지 장은 우주적 지능의 원천으로서 우리가 사는 3차원 현실 속에 또 그 너머에 존재하면서 사람들의 간절한 응답에 부응한다. 잃어버린 기도의 비밀 코드는 간절함과 절실함이었다. 그리고 기도의 언어는 느낌으로 전해진다. 가슴 속 깊은 곳에서 우러나오는 절절한 느낌과 간절함이 기도의 코드이다.

초월적인 에너지 장은 입자와 파동 너머에 존재한다. 그것은 입자도 아니며 파동도 아니며 순수한 에너지 의식이다. 원자와 소립자, 파동 그 너머에 미세한 고주파의 에너지 물결로 존재한다. 따라서 사람의 기도가 신에게 가 닿으려면 그 사람의 정성과 간절함이 절실해야 한다. 그 뜻과 정성이 간절하여 고주파의 물결에 가 닿을 때 비로소 감응한다.

초월적인 에너지 장은 고요하고 텅 비어 있는 것 같지만 밝고 신령스러운 알아차림으로 가득하다. 그곳은 감히 인간의 욕심으로는 도달할 수 없으며, 오로지 고요하고 텅 빈 마음속에 간절함이 깃들 때 신의 뜻은 감응한다.

그 초월적 에너지 장이 높은 차원의 심층마음이며 심층의식이다.

존재의 생생한 느낌

심층마음과 심층의식에 접속한 느낌은 존재의 생생한 느낌이다. "내가 존재한다." "내가 여기 살아 있다"는 느낌을 모르는 사람은 없을 것이다. 그것은 높은 차원의 파동이다. 그동안 일상에 바빠 내면의 존재감을 챙길 겨를이 없었다면 지금부터라도 내면을 챙겨라. 나의 존재의 중심을 챙겨라. "오직 모를 뿐!"이라는 판단 중지의 상태에 들어가 참나 의식 상태가 되는 것이다. 그곳에서 존재의 생생한 느낌을 만나라. 그것은 고요하고 텅 빈 밝은 의식 상태이며, 이렇게 자신의 참 존재를 찾은 사람은 자신의 주체에 뿌리 내린다.

대상이 없이도 깨어 있는 마음

우리는 보통 내 눈앞에 대상을 치우면 금방 무료해진다. 가령, 지금 당장 핸드폰만 없어도 금방 혼란에 빠진다. 하지만 기억해 두라. 나의 의식은 대상이 없어도 깨어 있다. 내 눈앞에 사물이나 대상이 없어도 깨어 있는 심층의식이 있다.

눈앞에 대상이 없어도 깨어 있는 마음이 있다. 고요하고 텅 빈 상태에 들어가 보라. 거기서 순수하고 깨어 있는 참나 의식을 만나보라. 고요하고 텅 빈 밝은 의식을 만나보라. 그것이 심층의식이다.

이것을 칙센트 미하이는 몰입이라고 의미 부여했고, 조 디스펜자는 양자장이라고 의미 부여했다. 모든 가능성의 출발점이라는 것이다. 에크하르트 톨레는 이러한 참나 의식을 높은 차원의 의식이라고 이름 붙였다. 세속의 성공으로 가는 길, 새로운 나존재를 창조하는 법, 높은 영적 차원으로 고양되는 길, 모두가 여기에서 출발한다.

번개처럼 번쩍이는 인식

번개처럼 순간적으로 번쩍이는 인식, 내면에서 항상 지켜보고 있는 그 근원적 인식은 무엇인가?

그것은 이럴까 저럴까 하는 얕은 마음, 몽키 마인드와는 다른 것이다. 완전히 다른 차원이며, 깊은 심해의 차원이다. 그것이 내게도 있다. 내가 여기 지금 존재한다는 생생한 존재감이 그것이다. 혹은 고요하고 텅 빈, 그러나 밝게 알아차리는 마음이 그것이다. 이 근원에 접속하면 할수록 나는 행복해지고 자유로워진다. 나의 순수의식은 명료함으로 더욱 더 또렷하게 깨어난다.

이것을 학술적으로 공적영지空寂靈知의 마음11) 혹은 자기지自己知의 마음이라고 부른다. 마음은 이미 마음을 알고 있다는 뜻으로 자기 자각성 혹은 본각이라고 부른다. 마음의 가장 깊은 차원인 이 심층마음의 근원에는 잡다한 생각이나 번뇌가 붙을 수 없다. 내 마음 속 깊은 곳에는 이미 완벽하게 깨끗하고 청정한 차원의 마음이 있다. 내 안에는 장엄하고 청정한, 그리하여 낮은 차원의 번뇌가 붙을 수 없는, 높은 차원의 마음12)이 존재한다.

인간의식의 성장단계

심층의식과 그가 주는 내면의 평화를 찾는 과정에서 인간 의식이 발달해 나가는 세 단계를 발견할 수 있었는데, 그것은, 1) 표층의식(생존, 의무) 중심의 삶, 2) 무의식(자유, 용기)을 정화하는 삶, 3) 심층마음(직관, 창의성)으로 확장된 삶이었다.

첫 번째 삶은 표층의식(생존, 의무) 중심의 삶이다. 표층의식에 나타난 개체의 몸이 '나'의 전부라고 생각하며, 생존과 의무만이 부각된다. 니체가 말하는 낙타의 삶이다. 오늘도 무거운 짐을 지고 일상이라는 사막을 향해 하염없이 걸어갈 뿐이다.

두 번째 삶은 무의식(자유, 용기)을 정화하며 자유를 쟁취하는 삶이다. 개체의 몸 보다는 조금 더 확장된 사고를 한다. 니체가 말하는 사자의 정신이다. 자유를 쟁취할 순 있지만 기존의 가치를 파괴할 뿐 새로운 창조에 이르지는 못한 단계이다.

세 번째 삶은 심층마음(직관, 창의성)으로 확장된 삶이다. 무의식을 넘어 초의식(심층의식)으로 확장된 삶이며, 자유를 넘어 창조를 이끄는 삶이다. 고요와 몰입 속에서 직관과 창의성이 최고로 발휘된다. 니체가 말하는 아이 정신이며, 최고로 몰입하는 삶이다.

이렇게 보면 인간 의식이 성장하는 단계는 표층의식(생존, 의무) → 무의식(자유, 용기) → 심층마음(직관, 창의성)의 3단계 과정을 거친다고 볼 수 있다.

존재의 근원

더 들어가 보면 존재의 근원이 있었다. 존재의 근원은 심층마음이며, 무한한 빛으로 이루어진 순수의식의 장양자장, 통일장, 영점장이었다. 고요하고 텅 빈 가운데 밝게 알아차리는 공적영지空寂靈知가 존재의 근원이다. 고요함으로 깨어있으면 마음은 근원에서 깨어있게 되는데, 그곳은 순수의식의 발아점이면서 존재의 근원이었다. 모든 창조의 출발점이었다.

고요하고 텅 빈 의식의 장場은 하나의 큰 생명이었다. 시간도 공간도 없는 이 근원에서 유래하여 낱개의 생명들이 움트고 운행하고 있었다. 이 우주의 큰 생명이 나를 일깨우고 운행시킨다. 더 나아가 나의 존재를 새롭게 규정하고 정체성을 새롭게 창조해준다. 나의 존재, 즉 생각과 느낌을 바뀌게 하고, 새로운 정체성, 즉 꿈과 비전을 향해 가슴 뛰게 만들고 고양된 파동을 일으킨다.[13]

나와 남이 없는 순수한 의식과 생명. 텅 비어 고요하면서 평화롭고 밝은 알아차림. 바로 그 공적영지의 자리가 언제나 나를 일깨우는 정신의 본체이면서 존재의 근원核이었다.

칙센트 미하이: 몰입

칙센트 미하이M. Csikszentmihalyi는 몰입을 높은 차원의 마음이라고 규정한다. 몰입의 단계에 들어가려면 두 가지 노력이 필요한데, 그 한 축은 역량이고 또 다른 축은 도전이다. 이를 위해 1) 목표Goal를 지향하는 삶, 2) 피드백Feedback을 통해 성과를 측정, 3) 도전Challenge을 통해 높은 단계의 삶을 지향해야 한다.

도전 의식은 높으나 역량이 미약한 상태를 불안ANXIETY이라고 하고, 역량은 높은데도 도전 의식이 낮은 상태를 권태BOREDOM이라고 규정했다. 하지만 이를 응용해 본다면, 우리의 마음의식 상태는 하루 24시간 불안양의 상태과 권태음의 상태를 반복하는 경향이 있다. 이를 피하기 위해서는 불안도 권태도 아닌 고요하고 밝은 마음의 높은 단계에 도달해야 하는데, 그것을 그는 몰입FLOW STATE이라고 불렀다.

• 그림 1-2 칙센트 미하이의 높은 차원의 마음

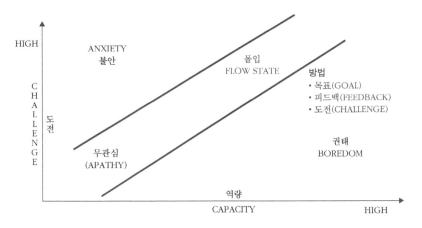

칙센트 미하이의 몰입(Flow State)

칙센트 미하이: 높은 차원의 마음

  칙센트 미하이의 ANXIETY(불안과 걱정)을 해석해 보면, 흩어진 기운으로서 산란심散亂心이다. 또한 칙센트 미하이의 BOREDOM(권태와 지루)을 해석해 보면, 이는 가라앉은 기운으로서 혼침심昏沈心이다.

  흩어진 기운은 어둡고, 가라앉은 기운은 무겁다. 반대로 모아진 기운은 밝으며, 생동하는 기운은 맑고 가볍다. 어둡고 무거운 기운은 죽은 기운이고 밝게 생동하는 기운은 산 기운이다.

  낮은 차원[14]의 죽은 기운을 살아 숨 쉬게 하는 방법은 무엇일까? 그리하여 어둡고 무거운 기운을 밝고 가볍게, 그리하여 높은 차원으로 고양시키는 방법은 무엇일까?

우주의 큰 생명15)—大心靈은 하나의 기운이며, 늘 밝고 힘차게 고동치며 살아 숨 쉰다. 하지만 우리는 지혜가 없어 일상에서 자주 그걸 놓친다. 흩어지고 가라앉는다. 또한 어두워진다.

흩어진 기운을 하나로 모아 밝게 만들고, 가라앉은 기운을 살아 숨 쉬게 해야 한다. 마음이 어두워지면 즉시 멈추고 참나 상태로 돌아가 근원과 하나 되어야 한다. 그리하여 마침내 하나의 큰 밝은 생명과 하나 되는 공부가 필요하다.

사람은 마음먹고 노력하는 대로 된다. 농사라는 행위業를 자꾸 짓는 사람을 농업(농사꾼), 장사라는 행위業를 자꾸 짓는 사람을 상업(장사꾼)이라고 하듯이, 우주 큰 생명이 밝고 높은, 그리고 하나 된 기운을 자꾸 그리워하고 염원하는 행위를 하는 사람은 결국에는 그 큰 하나의 밝은 생명16)을 닮아 나간다. 고요하고 텅 빈 가운데 밝은 알아차림의 의식으로 들어가 그곳에서 존재의 근원과 하나가 돼라. 그것이 높은 차원의 마음을 향해 나가는 길이다.

개체와 단체의 의식

그렇다면, 이러한 개인의 의식과 심리학의 과제가 어떻게 정부와 국가를 연구하는 정책학(사회과학)과 연결될 수 있을까? 사회과학은 사회 혹은 집단을 연구하는데, 인간의 개인적 행복이나 심리를 연구하는 일이 어떻게 더 나아가 좋은 사회를 만들고, 또 그것을 위해 좋은 국가나 정책을 만드는 일에 연결되는 것일까? 이런 질문을 할 수가 있다.

이에 필자는 인간의 욕구에 대한 다양한 이론을 찾아보았다. 인간의 욕구 역시 일정한 단계적 계층을 지니는데, 매슬로A. Maslow(1954)는 그의 저서, 《동기와 성격Motivation and Personality》에서 '생리적 욕구', '안전적 욕구', '사회적 욕구', '자기존중', '자아실현' 등으로 나누었다. 그 이후 그와 제자들은 이러한 5단계를 보완했는데, 세 가지 상위 수준의 정신적 욕구인 '지적 성취', '심미적 이해', '초월적 욕구'를 추가하였다.

인간 정신이 높은 단계에 이르면 인식적, 심미적, 초월적 욕구와 같은 정신적 창조성을 추구하게 된다는 것이다. 종합하면, 인간은 생리적, 물질적, 경제적 욕구로부터 인정, 명예, 존중 등과 같은 사회적 욕구를 거쳐 진리眞, 착함善, 아름다움美을 추구하게 된다. 이는 우리 정신의 본체가 높은 차원의 이데아IDEA로 구성되어 있고, 이러한 이데아는 진선미眞善美 혹은 뒤에서 성리학자들이 말하는 인의예지仁義禮智로 이루어져 있음을 말하고 있다.

그렇다면, 단체 혹은 사회 역시 이러한 진화론적 단계를 거칠까? 개인이 자아실현 혹은 자아의 완성을 위해 일생동안 자신을 갈고 닦듯이, 먼저 내면의 인성을 닦아 수기善美, 爲己之學를 하고, 바른 인격체와 지식을 갖춘 연후에 사회의 지도자가 되어 치인治人, 爲人之學을 하면서 사회를 완성시켜 나가듯이, 한 단체나 국가 역시도 법인으로 설립되어 생존하고 다른 기관들과 경쟁과 협력의 관계를 맺으면서 성장해 나가는 단계를 거친다.

조직행동학자 Alderfer(1969)는 이를 조직의 ERG이론이라고 하여 생존욕구Existence, 관계욕구Relatedness, 성장욕구Growth로 정립시켰다. 한 국가나 정부 역시 신생국으로 탄생하면서 모든 인프라를 갖추고, 경제, 치안, 군사 등을 다지면서 자신의 생존 능력을 갖춘다. 또 성장하면서 다른 국가들과 경쟁과 협력의 관계를 맺게 된다. 안으로 국민들의 안위와 행복國泰民安을 위하는 등 민주적인 내치 질서를 갖추고, 밖으로도 다른 국가들과의 선린우호善隣友好 관계를 맺는 등 민주적인 외교 관계를 구축한다.

더 나아가 빛나게 발전하면 한 국가의 문화를 완성하고 발전시켜 다른 국가에 정신적으로도 모범이 되면서 함께 상생 발전하는 단계弘益人間, 在世理化(크게 인류를 도우며, 세상을 이치에 맞도록 노력한다)로까지 진화하게 된다. 첫 번째 구절이 효율성의 단계, 두 번째 구절이 민주성의 단계라면, 세 번째 구절은 무엇으로 부를 수 있을까 고민하다가 나는 이를 성찰성의 단계라고 부르기로 했다.

● 그림 1-3   개체의식과 단체의식

제2장

성찰성 탐구

라스웰 정책학의 패러다임을 넘어서:
효율성과 민주성을 넘어선 정책학

DEEP THEORY OF POLICY SCIENCE

2 성찰성 탐구

라스웰 정책학의 패러다임을 넘어서:
효율성과 민주성을 넘어선 정책학

어원

생각이 여기에 이르자, 나는 본격적인 의문을 갖기 시작했다. 필자가
공부했던 행정학은 그 이념으로 효율성과 민주성을 내세운다. 정치행정
이원론, 신공공관리가 효율성 중심의 이론이라면, 정치행정일원론, 뉴거
버넌스는 민주성을 중심으로 하는 이론이었다. 말하자면 한번은 효율성,
또 그 다음에는 민주성 등으로 변증법적인 진행을 해 온 게 행정학 이론
의 발달사였다. 물론 크게 생각해 보면 민주성이라는 가치 안에 성찰적
인 요소를 포함한다고 이해할 수도 있겠다. 하지만 엄밀하게 생각해 보
면 사회는 이분법보다는 삼분법적인 요소를 분명히 갖고 있었다. 가령,
정책이나 행정을 수립할 때에도 경제적 효율이나 절차나 제도로서의 민
주의 개념에 국한되기보다는 인간의 존엄, 사회의 신뢰성과 성숙 등 보
다 근본적인 가치를 고려할 필요가 있고, 이럴 때 정책학이나 행정학이
이론적 잣대로서 분명한 이념을 정립해 두는 게 필요할 것이라는 생각

이 들었다.

한편, 선행연구들에서도 나는 낱개로 성찰성의 요소들을 발견했다. 가령, 안병영 교수(2005)는 한국의 공동체 의식의 흐름이라는 연구에서 한국의 발달사적 시대 구분을 국가형성기(1948-1961), 권위주의적 발전기(1961-1988), 민주국가 이행기(1988-1998), 국가 재편기(1998 이후)로 나누었는바, 처음 두 시기는 효율성에 해당하고, 민주국가 이행기가 민주성에 해당한다면, 국가 재편기 이후의 시기는 상당히 정책의 이해관계자가 복잡해지고, 세계 경제나 국제질서 등이 매우 복잡다단하게 전개되는 시기로서 성찰성에 해당되는 시기로 이해할 수 있었다. 문제는 행정학이나 정책학이론에 공식적인 이념으로 도입하지 않았다는 점이었다.

바람직한 정책학을 위한 창조적 탐색

허범(1982, 1992, 1995)은 바람직한 정책학을 위한 창조적 탐색에서 정책학이 전제하고 있는 인간관의 다섯 가지 특징을 제시하였다.

> 첫째, 목적과 주체로서의 인간이다. 인간은 어떤 경우에도 목적과 주체로서 대우해야 한다. 인간은 정신적 능력을 보유한 존재로서 감성, 이성, 영성을 지닌 존재이기 때문이다.
> 둘째, 인격적 능력에 대한 믿음이다. 인간은 육체적 존엄과 함께 정신적 능력을 갖춘 존재이다.
> 셋째, 자율적 능력에 대한 믿음이다. 인간은 자연법칙에 지배를 받는 광물, 식물, 동물과는 다르며, 따라서 단순한 감각적 존재가 아니다.

넷째, 비판적 진단 및 효율성이다. 인간은 어제의 모순과 결함을 교정하
여 효율적으로 일을 추진할 수 있다.

다섯째, 창조적 처방 및 민주성이다. 인간은 혁신적 처방과 민주적 절차
로 내일의 새로움을 창조할 수 있다.

● 그림 2-1 선행연구 검토: 바람직한 정책학 이론의 창조적 구성

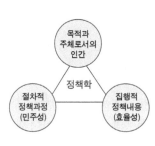

허범 교수님 연구의 비판적 수용 (· 1982, 1992, 1995의 수정)

● 인간은 어떤 경우에도 목적과 주체로서 대우해야 한다:
  목적과 주체로서의 인간: 인간의 정신적 능력
  (감성+이성+영성)
● 논거1: 인간은 육체적 존엄과 함께 높은 정신적 능력을 갖춘 존재이다:
  인격적 능력에 대한 믿음
● 논거2: 인간은 자연법칙의 지배를 받는 단순한 감각적 존재가 아니다:
  자율적 능력에 대한 믿음
● 인간은 어제의 모순과 결함을 교정하여 효율적으로 일을 추진할 수 있다:
  비판적 진단 및 효율성
● 인간은 혁신적 처방과 민주적 절차로 내일의 새로움을 창조할 수 있다:
  창조적 처방 및 민주성

요약하면, 정책학은 절차와 제도로서의 정책과정에 관한 학문으로서
민주성을 추구하며, 집행과 관리로서의 정책내용에 관한 학문으로서 효
율성을 추구할 뿐만 아니라 가장 중요하게는 목적과 주체로서의 인간을
중시하는 학문이다. 목적과 주체로서의 인간. 이것이 바로 성찰성 이념
과 연결되는 대목이다. 역시 단순한 수사나 어구가 아니라, 좀 더 공식적
으로 정책모형formal theory & model에 내재화된 이념이나 변수endogenous ideation
& variable로 도입할 필요가 있었다.

정책학은 경제적 효율성만을 추구하는 학문도 아니고, 정치학처럼 민
주성만을 추구하는 학문도 아니다. 더 나아가 정책학은 보다 본질적으로
인간이 그 자체로서 목적과 주체로서 대우받아야 한다는 인간 존엄의
사상에 기초하고 있다. 이것이 정책학의 핵심 키워드이다. 이것을 어떻
게 지키고 함양할 수 있을까? 그리고 이것을 어떻게 공식적인 정책이념

으로 정립하고 구체적인 방법론으로 실현해 나갈 수 있을까? 하는 것이 필자의 시각으로는 매우 중요한 학술적 과제였다.

효율성과 민주성을 넘어선 정책학

이처럼 정책학은 좀 더 본질적인 이슈인 '인간의 존엄성'이라는 최고 이념에 천착해야 한다. 효율성, 제도나 절차로서의 민주성을 넘어 보다 근본적인 이슈에 대해 탐구하고 이를 공식화하고 모형에 반영해야 한다. 특히 미래의 정책학은 단순한 제도로서의 민주주의 정책학이 아니라 성찰적 혹은 창조적 정책학으로의 발전적 진화 가능성을 타진하면서 정책학에 내재된 '성찰적 요소'들에 대해 천착穿鑿할 필요가 있다.

성찰이라는 단어에 대한 고찰

그렇다면, 왜 굳이 성찰이라는 단어를 쓰는가?

성찰省察이라는 단어의 사전적 의미는 "자신의 일을 반성하며 깊이 살핌"이다. 혹은 "일을 하거나 남과 관련하여 결정을 내리기 전에 자세히 검토하여 판단하다"라고 되어 있다. 따라서 언어적 의미로는 "자신을 반성하며 깊이 살피며, 어떤 결정을 내리기 전에 상대방과의 관계를 깊이 생각하다"는 뜻으로 해석할 수 있다. 말하자면, 성찰의 의미는 사고나 신념의 불완전한 부분을 되돌아보며 학습하는 것이다. 개인의 성찰은 학學

을 통해 발전시키고, 공동체의 성찰은 습習을 통해 발전시킬 수 있다.

언어적 의미의 성찰省察은 우리의 몸과 마음에 관련된다. 몸을 보살피고 마음을 관찰하되 자신의 삶을 성찰해 보는 것이다. 자신의 심층마음을 돌이켜 직관直觀하는 공부를 하는 것이다. 심층마음은 텅 빈 고요한 의식이며 드넓은 마음이다. 늘 깨어있고 밝게 알아차린다. 고요한 근원이며 순수한 근원이다. 창조적 근원으로서 모든 신성한 힘과 권능이 창출되는 공간이다. 과학자의 눈과 철학자의 마음으로 세상을 관찰하라. 그렇게 하면 인간 의식의 깊은 성찰을 통해 고요하고 텅 빔의 지혜를 깨닫게 될 것이다.

한나 아렌트가 말한 것처럼,[17] '내성의 명상적 삶'과 '내면적 자각'을 통해 수양한다면 우리는 본성을 깨달을 수 있을 것이다. 또한, 일자 샌드가 말한 것처럼, "무위의 시간을 주기적으로 가져라. 모든 에너지를 내부에 집중시키고, 어떤 인풋도 흡수하지 말고, 받아들인 인풋이 내면에서 분류되고 자리 잡게 하라. 나중에 당신은 새로운 에너지로 가득 찬 자신을 느낄 수 있을 것이다."[18]

하지만 성찰省察이라는 단어에는 이러한 명상적, 도덕적 의미 이상이 담겨 있다. 문명사적 패러다임의 관점에서 먼저 한번 살펴보자. 인류 역사는 좀 더 깊이 살펴보면, 겉으로 나타난 '기술'과 '물질'의 역사가 아니라, 이들을 근원에서부터 추동해 낸 인류의 '생각'과 '의식' 진보의 역사였다. 눈에 보이는 것은 눈에 보이지 않는 것의 현현顯現이기 때문이며, 생각의 힘과 의도가 작용하여 눈에 보이는 역사를 창조한 것이다. 모든 영적인 것, 보이는 것, 보이지 않는 것은 모두 신성의 근원인 자각의식自覺意識의 발현이며, 창조적이고 차원 높은 생각과 의식이 높은 수준의 파동을 일으켜 찬란하고 진실된 문명을 창조하는 것이다. 따라서 인류에게 필요한 힘은 바로 우리 내면에 있으며, 인류의 정신이 역사와 문명의 추동력이다.

그렇다면, 사회과학으로서의 행정학(정책학)이 현상학적인 학문에 머물지 않고 보다 근본적인 인식론적 토대를 갖추려면 어떤 성찰이 필요할까?

성찰이라는 용어는 인간 – 자연, 인간 – 사회, 인간 – 기술에 대한 의식과 성찰이 올라가는 것을 뜻하며, 공동체의 존재양식에 대한 성찰의식과 자각수준이 올라가는 것을 의미한다. 인간의 정신이 낮은 파동에 머물면 가난과 투쟁의 역사가 반복되며, 높은 차원으로 고양될 때 인류문명은 찬란한 평화와 번영을 구가할 수 있다.

그동안 행정학이 중심축으로 삼아 온 효율성이 '구하는 마음'이었다면, 성찰성은 '비추는 마음'이다. 구하고 다투고 경쟁하는 마음이 인류의 문명을 여기까지 발전시킨 것도 맞지만, 그것이 지나쳐 이제 파멸까지 걱정해야 하는 상황이 되었다. 전쟁, 재앙, 빈곤, 자원고갈, 기후변화 등 일일이 열거할 필요도 없지만, 모든 만악萬惡의 근원은 지나친 이기심과 경쟁심에 있었다. 그것은 인간의 근원에 존재하는 창조적 신성의식을 어둡게 가리고 있는 탐욕과 집착, 에고 의식이 과잉이 초래한 결과였다. 이제 인류는 파국과 파멸의 직전에 이르러 신성한 지혜를 구하며 반성하는 마음으로 겸허히 성찰해 보아야 한다. '비추는 마음'을 되새기며, 이기심과 탐욕이 아닌 평화와 창조의 근원의식을 고양시켜야 한다.

그렇다면, 어떻게 하면 평화와 창조의 근원의식을 고양시킬 수 있을까?

그것은 인류의 내면에 존재하는 높은 차원의 파동을 회복할 때 가능해 진다. 고요하고 텅 빈 가운데 명료하게 인식하는 창조적 근원의식이 깨어나야 한다. 그것은 사랑과 평화의 파동이며, 고요와 침묵 속에서 깨어있는 경이로운 신성의식이다. 눈에 보이지 않지만 우리 내면에 존재하는 가장 높은 차원의 파동이며, 높은 차원의 인류문화를 꽃 피울 수 있는 창조적 근원의식이다. 이처럼 인류는 보다 높은 차원의 문명 건설을 향해 나아가야 하며, 그러기 위해서 정책학은 단순한 효율성을 넘어 인간의 존엄을 실현하는 성찰성을 지향해야 한다.

성찰성, 창조의식, 높은 차원, 파동, 근원의식 등의 용어들이 매우 추상성이 높고 형이상학적 차원인 것은 사실이다. 하지만 이러한 문제가 기존처럼 종교와 철학, 혹은 도덕과 윤리 영역에만 맡겨 두어서는 안 된다. 이것이 현재 인류의 삶과 연결된 본질적인 내용들이기 때문이다. 명확한 사회과학적 연구와 기준이 필요하며, 이를 현실에서 제대로 추동해 나갈 수 있는 분명한 이념과 변수 정립이 필요한 것이다.

학술적 논리

앞에서도 잠깐 언급했듯이, 행정학 이론의 역사적 발달사史를 살펴보면, 정치행정이원론, 일원론, 발전행정론, 신행정학, 신공공관리, 뉴거버넌스의 이론적 발달 과정을 거치면서, 한번은 효율성 이념, 다른 한번은 민주성 이념이 정확하게 번갈아 가며 반복되어 왔다는 것을 알 수 있다. 정치행정이원론은 효율, 일원론은 민주, 발전행정론은 효율, 신행정학은 민주, 신공공관리는 효율, 뉴거버넌스는 민주로 이어지는 등 정확한 변증법적 변주變奏를 보여주고 있다. 말하자면 효율과 민주는 행정의 양대 이념 축을 구성하고 있는 것이다. 아직 성찰성의 단계로까지 나아가지 못해서일까? 아니면 효율과 민주만 집중하다 보면 성찰은 자동으로 따라오는 것일까? 그렇지 않다. 사회의 변화 발전을 꿈꾸는 학자라면 미리 사회가 한 단계 더 성장하는 모습을 그리고 그것을 이론에 반영시켜야 한다. 즉, 사회가 완성되려면 효율과 민주만으로는 뭔가가 부족한 느낌이다. 집행과 절차만 얘기하는 데 그치기 때문이다. 그 부족한 무엇을 채워줄 수 있는 제3의 이념이 뭘까를 고민하다가 필자는 그것을 '성찰'로 보았다. 즉, 한 사회 혹은 국가 공동체가 완성으로 나아가려면 경제와 정치, 공리와 자유를 넘어서는 그 무엇, 즉 제3의 이념이 필요하다고 보았고, 그것을 '성찰성'이라고 명명했다.

성찰이라는 단어가 주는 다중多重적 어의가 다소 걸리기는 하지만, 오히려 철학적이면서 포괄적인 의미를 지닌 성찰이라는 단어가 더 정확正確하다고 보았다. 즉, 경제적 풍요와 정치적 자유를 넘어서는 국가의 지향점이 필요한데, 그것을 성찰로 명명한 것이다권기헌, 2021: 26. 가령, 한 인간으로 비유하자면, 과연 나는 정치적 자유와 경제적 풍요만 가진다면 행복할 수 있을까? 하는 근본적 취지의 질문을 던져 볼 수 있겠다. 행복이라는 단어가 걸린다면 자아완성이라고 해도 좋다. 국가와 정책 역시 마찬가지다. 경제적으로 잘 살고, 정치적 민주주의만 잘 진행된다면, 그 국가는 완성된 공동체일까? 라는 근본적 질문이 필요한 것이다. 여기에서도 역시 나와 너를 넘어서는 우리, 과거와 현재를 넘어서는 미래의 바람직한 공동체에 대한 사유, 즉 공간과 시간의 확장된 사유를 성찰하는 제3의 이성이 필요하다는 결론에 이르게 되고, 그것은 개인적으로 인간의 존엄을 구현하고, 국가적으로는 신뢰받고 성숙한 공동체를 완성시키고자 하는 제3의 정책 이념이라는 생각에 이른다. 필자는 그것을 성찰성이라고 불렀다.

찰스 앤더슨의 제3의 이성

찰스 앤더슨Charles Anderson, 1993: 215-227은 정책학이 추구해야 할 이성으로서 제3의 이성을 제시했는데, 그것은 곧 성찰성을 의미한다.

찰스 앤더슨Charles Anderson은 인간행위의 이성을 설명하는 3가지 틀을 제시했는데, 그것은 1) 공리주의적 경제모형utilitarian calculation, 2) 자유주의적 정치모형liberal rationalism, 3) 실천적 이성에 기초한 숙의모형practical reason and deliberative democracy이다. 그리고 그는 제1의 이성으로서의 공리주의적 경제모형과 제2의 이성으로서의 자유주의적 정치모형만으로는 한계가 있다고 주장하면서, 실천적 이성에 기초한 숙의모형이야말로 민주주의 정책학을 실현하는 중요한 정책분석모형이 되어야 한다고 강조했다권기헌, 2007: 198.

이는 경제학적 효율성, 정치학적 민주성을 넘어서 제3의 이념이 필요하다는 것을 시사하는 것이다. 말하자면, '성찰성'이라는 제3의 이성은 하나의 포괄적 개념이지만 전통적인 정책학 이론에 그 인식론적 근거를 두고 있는 것이다. 정책학 이론에서 말하는 카힐과 오버만A. Cahill & S. Overman의 후기합리주의적 정책분석, 드라이젝J. Dryzek의 숙의적 정책분석, 피셔F. Fischer의 정책적 탐구, 하버마스J. Habermas의 숙의모형 등도 모두 이와 유사한 맥락을 제시하고 있었다.

라스웰과 성찰성

라스웰H. Lasswell, 1949, 1951의 정책학의 핵심 키워드는 인간의 존엄성이
고, 이를 현대에 맞게 제대로 구현하려면 정책이념의 명확한 설정이 필
요하다. 이는 기존의 효율성, 민주성과 또 다른 의미의 차원을 필요로
한다. 성찰 혹은 성찰성으로 불리는 이 차원은 공공영역의 장(담론)의 활
성화를 통해 개인 영역에서는 인간의 존엄성, 공동체 영역에서는 신뢰받
고 성숙한 공동체 구현을 의미하는 것으로 해석할 수 있다.

성찰성과 현대정치철학

공동선公同善 얘기를 하니까 혹자는 성찰성이 현대정치철학의 공동체주
의와 유사하다고 생각할지 모르겠다. 하지만, 이 둘은 전혀 다른 개념이
다. 현대정치철학은 개인적 권리와 공동선, 혹은 좋은 사회를 판단하는
기준으로서 세 가지 다른 전통을 소개하는데, 그것은 자유, 공리, 공동체
주의이다Will Kymlicka, 2018. 이렇게 접근한다면 성찰성은 오히려 자유주의
전통에 가깝다. 자유주의는, 존 롤스J. Rawls의 견해처럼, 자유로운 인격체
로서, 시민들은 서로를 선관善觀을 형성할 수 있는 도덕적 존재로 인식하
기 때문이다.

한편, 공동체주의에서는 사람들의 선호양식을 존중하기보다는 그들의
그와 같은 선호를 평가할 수 있는 절대적이고 실체적인 공동선 기준이
있다고 보고 이를 강제적으로 적용한 적이 있는데, 이는 매우 위험한 발

상이다. 공산주의가 그랬고, 나치즘이 그랬다.

성찰성은 이들과 궤(차원)를 달리한다. 성찰성은 좋은 사회를 구성하는 원리로서 철저히 자유주의 인간관에 기초하면서도 그것만으론 부족한 높은 의식의 관점과 사유를 제공한다. 절대적이고 보편적인 공동선이 있다고 믿고 있지만 그것은 강요해서는 안 된다. 시민들의 깨어있는 의식의 관점과 사유가 한 차원 더 높아질 때 가능한 것이다.

성찰성은 경제학적 공리의 접근도 배격하지 않는다. 최대 다수의 최대 행복이라는 계량적 기준을 반대할 필요는 없다. 다만 그것 역시 상황에 따라 판단을 달리해야 하며, 그것만으로 절대적 판단 기준이 되어선 안 된다는 것이다. 예컨대, 로마시민 대다수를 즐겁게 한다는 이유로 콜로세움 광장에 모여 노예들이 사자와 결투를 벌이는 것과 같은 비윤리적 행위들이 자행되어서는 안 된다는 것이다. 비윤리적 행위만 반대하는 것도 아니다. 수천억의 예비타당성 평가를 통과해야 하는 국책사업이 힘 있는 자의 정치 논리에 의해 강행되면서 비용편익분석과 같은 계량적 수단들이 버젓이 악용되는 사례도 비일비재하다.

요약하자면, 성찰성 이념은 자유주의에 기초하되 거기서 한발 더 나아가야 한다고 본다. 인간의 도덕적 능력에 대한 믿음을 토대로 인간의 존엄을 추구하되, 전체적으로 신뢰받고 성숙한 공동체의 실현을 위해 노력해야 한다. 정부와 시민들의 한 차원 높은 의식의 깨어남覺醒을 토대로 낮은 차원의 이익利益을 서로 다투는 사회에서 보다 높은 차원의 공익公益이 중시되는 사회로 발전되어야 한다. 이를 위해서는 정부 지도자들의 의식 변화도 필요하지만 동시에 정책모형의 관점에서도 이들의 변화를 촉진시킬 수 있는 사회과학적 기준과 방법론 개발 역시 중요한 것이다.

철학으로서의 성찰성

철학이란 시대의 아픔이나 목마름에 대한 답변이다.

가령 왕도정치王道政治를 외친 맹자는 침략과 패권이 난무하는 춘추정국 시대에 살았다. 백성을 잘 살게 해야 하는 군주가 민생을 보호하기는커녕 과도한 세금과 군역을 통해 백성들의 삶을 피폐케 하고 도탄에 빠지게 했다. 그들의 삶은 속절없이 무너지고 목숨은 침탈당했다. 나라 곳곳은 절망과 비명의 목소리로 가득 찼다. 이때 맹자孟子는 역성혁명론易姓革命論을 들고 나왔다. 임금이 백성의 삶을 내팽겨 친다면 백성은 그 군주를 바꿀 수 있다고 했다. 군주는 배요, 백성은 그 배를 띄운 바다인데, 그 배가 홀로 난폭하다면 전복시킬 수 있다고 본 것이다.

장자크 루소J. Rousseau, 1712~1778도 그랬다. 군주와 그 왕족의 사치가 극에 달하고 시민의 삶을 내팽겨 친다면, 시민은 사회계약을 위반한 그 군주를 바꿀 수 있다고 했다. 군주의 신분은 하늘이 미리 정하는 것王權神授이 아니며, 시민들의 자유, 평등, 박애를 위해 사회계약을 한 것이므로, 이를 위반할 때에는 시민혁명이 정당하다고 주장한 것이다.

이처럼 철학은 그 시대의 절박한 목소리에 대한 응답이다.

우리가 사는 시대도 한번 생각해 보자.

여러 가지 이슈가 있지만, 이 시대는 한마디로 불안不安과 상실喪失의 시대이다. 미래에 불안감으로 가득 차 있고, 불확실성에 따라 안식安息은 상실되고 있다.

국제 정세의 불안과 여러 형태의 재난, 전쟁과 바이러스, 경제적 불안과 침체… 물가폭등, 주택난, 교육비 등으로 인해 많은 젊은이들이 결혼과 출산을 포기하고 있다. 미래에 대한 희망과 자신감이 상실되고 있는 것이다. 거대한 자본과 관료제의 수레바퀴 속에서 우리는 하나의 기계부품으로 전락하고 있다. 거대한 세상에서 나만의 자존自尊을 지키기가 점점 더 어려워지고 있다.

성찰성은 바로 이 대목을 주목하고 있다. 인간욕구의 계층구조를 한 번 생각해 보라. 성찰성은 효율성과 민주성으로 채워질 수 없는 그 무엇이다. 물질과 제도를 넘어서는 제3의 이념이다. 정부는 이 시대의 아픔을 통찰하고 사람들의 정신적 갈망에 주목해야 한다.

사람은 단순한 물질이나 자유만으로는 살 수 없다. 미래의 주역이 될 청년이나 시민들이 자신들의 활력을 되찾을 수 있도록 다양한 정책적 가능성과 기회를 제공해야 한다. 공공교육 역시 낮은 단계의 삶을 뚫고 나가 자신만의 생동감으로 고양된 높은 단계의 삶을 살 수 있도록 지원해야 한다.

니체F. Nietzsche, 1844~1900가 살았던 시대의 유럽은 산업혁명이 촉진되면서 사람들은 물질에 대한 안락함과 쾌락에 빠져들었다. 니체는 이러한 근대인들의 사고思考를 '병'으로 진단하고, 그 이유가 무엇인지를 찾아보았는데, 그것은 현실을 인정하고 현실의 삶 속에서 활력과 역동성을 찾는게 아니라 천국과 이데아 사상처럼 신神에게만 의존하는 병든 사고가 그 근본 원인이라고 보았다. 신神에게만 의존하는 나약한 삶을 타파하기 위해 그는 마침내 '신은 죽었다'고 선언하고, '나'와 '창조'를 잃어버린 사람들을 위해 힘, 의지, 생동감을 외쳤다(그것이 초인超人 사상으로 나타났다).

국제정세의 불안과 기후변화의 혼돈, 전쟁, 역병과 같은 바이러스, 그리고 인공지능과 물질문명의 극단에 서 있는 우리는 우리 스스로의 자존과 품성을 지키기 위해 어떤 철학적 정신으로 무장해야 할 것인가? 또한 이처럼 생동감 넘치는 높은 단계의 정신을 함양하기 위해 정부와 공공교육은 어떤 역할을 해야 할 것인가?

칸트의 선의지

칸트철학이 위대한 것은 그는 철학을 통해 맑고 깨끗한 세상을 만들려고 노력했기 때문이다. 칸트는 서양에서 공자처럼 도덕이 망가지면 인간성은 바닥에 떨어진다는 것을 새삼 일깨우며, 순수하고 깨끗한 인간다운 세상을 만들고자 노력했다.[19]

높은 차원의 국가란 무엇인가? 칸트에게 있어서 높은 차원의 국가는 개인의 선의지가 잘 지켜지는 도덕적 국가이다.

칸트는 우리가 단순히 이익이나 행복을 추구하는 삶보다는 숭고한 삶을 사는 존엄한 존재가 되기를 바랐다. 그럼 왜 그렇게 살아야 할까? 칸트의 대답은 간단하다. 우리는 도덕적 존재로 태어났기 때문이다.

칸트는 인간의 위대함에 대해서 『실천이성비판』에서 다음과 같이 말한다.

> 내가 그것들을 생각하고 있는 것이 잦고 또한 길면 길수록 언제나 더욱 더 새롭게 다가오는 감탄과 외경으로 내 마음을 채우는 것이 두 가지가 있다. 그것은 나의 위에서 빛나는 하늘의 별과 내 안에서 빛나는 도덕법칙이다.

인간은 비록 광활한 우주에 비하면 작고 미세한 존재이지만, 인간이 위대한 것은 바로 인간이 지닌 고유한 이성을 통해 인간 내면의 도덕법칙을 통찰할 수 있기 때문이라는 것이다.

칸트에게 인간은 이미 내면에 실천이성을 갖추고 있어 자기 스스로 도덕법칙을 입법할 수 있는 존재이며, 더 나아가 보편타당한 법칙을 스스로에게 규율할 수 있는 자율적 존재이다. 인간의 이성[20]은 우주의 법칙을 발견할 수 있게 해 주며, 이러한 로고스는 칸트에게 있어 정언명령으로 다가온다. "내가 당해서 싫은 일은 남에게도 해서는 안 된다."와 같은 도덕법칙은 동양의 공자나 서양의 칸트 모두에게 높은 단계의 규칙이었다.

칸트는 『도덕형이상학』에서 다음과 같이 말한다. "누군가를 행복하게 만드는 것은 그를 선하게 만드는 것과 전혀 다른 것이며, 이익 추구에 예민하고 약삭빠르게 만드는 것은 덕이 있는 사람을 만드는 것과는 다른 것이다."

이처럼 칸트는 공자처럼 덕을 강조하고, 도덕이 근본적으로는 낮은 수준의 행복과는 무관하다고 말하는 한편, 도덕적인 삶을 위해 인간을 항상 목적으로 대해야 한다고 말한다. "너는 너 자신의 인격에 있어서나 아니면 다른 모든 사람의 인격에 있어서 인간성을 단지 수단이 아닌 항상 동시에 목적으로서 대우하도록 행위 하라."[21] "인간을 수단이 아닌 목적으로 대우하라"는 이 말을 들으면 계약적 인간관계로 인해 갑질문화가 만연한 지금의 상황에서 볼 때 마음이 저절로 숙연해지게 만든다. 왜 우리는 돈과 쾌락에 몰두한 나머지 인간 스스로의 존엄성을 깨고 있는지 돌아보게 만든다.[22]

칸트는 이처럼 이익과 행복만을 추구하는 이성은 낮은 단계의 이성으로 보았다. 인간은 언제나 인간을 수단이 아닌 목적으로 대해야 하며, 이익과 쾌락만을 추구하는 행복은 낮은 단계의 철학으로 보았다. 인간에게는 빛나는 이성이 있기에 우주의 법칙을 발견할 수 있고, 그러한 높은 수준의 이성은 자신에게나 남에게나 항상 지켜지는 정언명령이 되어야 한다고 보았다. 그것이 칸트가 꿈꾸던 도덕국가였다.

인간이 이익만을 추구하고 거래적 행복이나 쾌락에 빠지는 것은 낮은 단계의 유혹이며, 이러한 낮은 수준의 유혹을 극복하고 보통은 하기 싫은 도덕적 의무를 통해 높은 단계의 덕과 선의지를 함양하는 것이야말로 높은 차원의 국가를 만드는 길이라고 보았다.

스토아학파를 계승

칸트철학은 스토아학파를 계승했다. 스토아학파는 높은 단계의 철학을 대변하고 있었던 것이다.

고대 헬레니즘의 철학의 두 흐름은 스토아와 에피쿠로스라고 할 수 있는데, 전자가 칸트철학으로 이어졌다면 후자는 공리주의(경험주의)로 이어졌다. 칸트철학이 높은 단계의 윤리와 정신을 지향하는 사상이라면, 공리주의는 행복과 쾌락의 만족을 구하는 보편적 공리주의로 이어졌다. 둘 다 필요하지만, 우리는 언제나 높은 단계의 정신을 염원하며 그것을 구현하려고 노력해야 한다.

고대 헬레니즘 시대에 "행복"에 대해 다른 두 견해를 가졌던 두 학파가 있었는데 그건 스토아학파와 에피쿠로스학파였다. 스토아학파는 우주의 법칙을 따르는 덕이 있는 삶을 강조했으며, 평정심을 유지한 채 외부 상황에 동요하지 않는 의연한 삶을 추구했다. 그 정념이 없는 상태를 "아파테이아"라고 한다. 아파테이아aphateia=a+phatos는 평정심이라는 뜻으로, 욕망, 정념 등이 없다는 것이다.

에피쿠로스학파는 최고의 선은 쾌락이라고 강조하는데, 다만 이때의 쾌락은 흔히 생각하듯이 물질의 방탕한 만족에서 오는 쾌락은 아니었다. 불필요한 욕구를 자제하고 절제되고 소박한 삶의 만족을 추구한다. 그래서 도달한 마음에 불안이 없고 육체 고통이 없는 상태를 "아타락시아"라고 한다.

아타락시아ataraxia는 쾌락의 획득과 고통의 회피가 인간을 행복하게 한다는 뜻으로, 스토아학파의 아파테이아apatheia와 자주 비교된다.

어쨌든 스토아학파가 우주의 로고스가 세상 만물에 스며들어 있다고 주장한 스피노자와 칸트의 윤리철학으로 이어진 반면, 에픽쿠로스학파는 공리주의와 경험주의로 이어지면서 오늘날 경제학의 바탕이 된다. 전자가 높은 단계의 정신을 대변하고 있다면, 후자는 일상적인 물질과 행복을 대변하고 있다. 지금 와서 생각해 보면, 경험주의는 서양의 과학과 경제적 토대를 낳았기에 인류의 삶에 필수불가결한 기여를 한 것은 사실이지만, 이게 지나쳐서 신자유주의와 물질주의, 배타주의를 잉태孕胎했다. 한편 정신, 윤리, 고결한 정신과 같은 높은 단계의 이념은 점점 더 설 자리를 잃고 있는바, 오늘날 우리는 우리 사회의 바람직한 구성이 어떠해야 하는지 다시금 돌아볼 필요가 있겠다. 그리하여, 칸트나 공자가 주장했듯이, 도덕이 망가지면 인간성은 바닥에 떨어진다는 것을 새삼 일깨우며, 순수하고 깨끗한 인간다운 세상을 만들고자 노력해야 할 것이다.

하버마스와 성찰성

이러한 정신의 연장선상에서 독일의 사회학자 울리히 벡은 근대사회의 무분별한 질주로부터 오는 위험사회의 위기를 경고하면서, 새로운 근대성을 향한 과감한 성찰이 필요하다고 주장했다. 또한 제3의 길을 주장한 영국의 사회학자 앤서니 기든스는 사회적 성찰성의 확정에 기초한 대화적 민주주의가 필요하다고 보았다.

한편, 독일의 철학자 위르겐 하버마스W. Habermas는 '사회적 비전과 꿈 Social Vision & Dream'을 강조하였다. 그는 다음과 같이 사유하고 있다. 18세기 말 계몽주의 철학자들이 인류사회를 자유, 평등, 박애 등을 통해 사회적 비전과 꿈을 실현시키려 노력했으나, 세계는 자유주의와 공산주의 등 이념으로 갈라져 전쟁과 갈등 속에서 100년 이상을 소모하였다. 하지만 지금이야말로 계몽주의 철학자들이 못다 이뤘던 '미완의 프로젝트 Unfinished Project'의 재개再開, reopening를 통해 역사적 진보와 완성된 미래를 추구해야 할 때라는 것이다.

이러한 프로젝트의 핵심은 어떻게 하면 인간의 능력을 폐쇄적, 단선적 형태로부터 해방시켜 세계를 개방과 조화로 연결시킬 것인가의 문제인 바, 새로운 형태의 '미완의 기획'Unfinished Project을 위해서는 과감한 성찰이 필요하며, 이를 토대로 전자정부를 활용한 공공영역의 회복과 건강한 담론의 활성화가 필요하다. 그리고 이를 통해 인간의 존엄성에 보다 근본적으로 다가가려는 '새로운 정책기획'New Policy Project이 필요하다고 보았다. 이러한 취지와 정신의 근원에 성찰성이라는 개념이 연원淵源하고 있다.

매슬로와 성찰성

매슬로Maslow, 1954는 인간욕구이론에서 인간이 성장함에 있어 필요한 다섯 가지 단계의 욕구를 제시한 바 있다. 그것은 생리적 욕구, 안전적 욕구, 사회적 욕구, 자기존중, 자아실현 욕구이다. 그의 제자들은 후에

세 단계의 욕구를 추가했는데, 그것은 인식적 욕구, 심미적 욕구, 초월적 욕구이다.

한편 조직심리학자 앨더퍼Alderfer, 1969는, 앞에서도 잠깐 언급했듯이, 조직의 성장욕구를 ERG이론으로 정리했는데, 그것은 Exist생존, Relatedness관계, Growth성장을 의미한다. 조직 역시도 기관형성institution building이라는 단계를 통해 생존하며 타 조직과 우호적 관계혹은 적대적 관계의 방어를 통해 성장하는 단계를 거친다. 조직 역시 생존적 단계, 관계적 단계를 거쳐 성찰 혹은 성장하는 단계를 거치는 것이다.

플라톤은 개인과 국가 사이에 현저한 유사성이 있다고 그의 『국가론』에서 주장했다. 국가라는 것은 '확대된 인간'과 같다고 본 것이다. 그는 이상적 인간의 조건을 연구하는 것이 윤리학이라면, 이상적 국가의 조건을 연구하는 것이 정치학이라고 보았다.23) 이러한 사상은 아리스토텔레스에 의해서도 그대로 계승되었다. 이러한 철학자들의 사상을 받아들인다면 우리는 질서가 정연한 바람직한 사회를 '높은 단계의 플랫폼'을 이룩한 사회라고 말할 수 있을 것이다.

그렇다면, 인간, 조직과 마찬가지로 국가도 탄생하여 경제적 토대와 안보적 토대를 통해 생존하고 대내 혹은 대외적으로 민주적 관계를 통해 성장하며, 더 나아가 국민 개개인들의 인권, 존엄성, 자아실현 등을 통해 신뢰받고 성숙한 공동체를 구현하는 것은 높은 단계의 욕구를 실현함으로써 국가의 완성을 향해 노력하는 것으로 정리할 수 있겠다.

좋은 정부

좋은 정부란 효율성, 민주성, 성찰성이 조화를 이룬 정부라고 할 수 있다.

첫째, 효율적인 정부이다. 일회 방문, 무회 방문, 상시 방문One-stop, Non-stop, Any-stop과 같은 민원행정을 통해 국민의 편익을 극대화하고, 종이 없는 사무실 등을 통해 비용을 절감하며, 부패가 없고 투명한 행정을 실현하며, 중앙 정부 내 부처 간 혹은 중앙과 지방의 디지털 신경망 구축을 통해 효과적이고 신속한 정책결정 및 집행을 가능케 하는 정부가 효율적 정부이다.

둘째, 민주적인 정부이다. 디지털 민주 정치참여를 구현해서 민의를 국정에 신속하게 반영하고, 정책과정에서 시민의 참여를 권장함으로써 창의적이고 신속한 거버넌스를 구현하는 정부가 민주적 정부이다.

셋째, 성찰적인 정부이다. 국민 개인의 인권과 존엄성 구현, 더 나아가

● 그림 2-2 좋은 정부와 성찰성

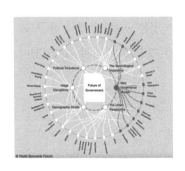

출처: World Economic Forum.

신뢰받고 투명하며 성숙한 공동체를 구성해서 시민의 자아실현과 자아완성을 도와주는 정부가 성찰적 정부이다. 이는 국정 최고 지도자의 성찰적 마인드와 정책 접근을 통해 가능하며, 담론과 공공영역의 장을 긍정적 방향으로 활성화시킴으로써 우리 사회를 한 단계 더 성숙시킬 때 가능해진다.

종합적 차원

정책학의 종합적 차원은 어떻게 구성될까?

정책학은 경제적 차원, 정치적 차원 외에도 철학적 차원이 있다. 관리적이고 행정적 차원에서의 효율성, 정치적 제도와 절차로서의 민주성은 여전히 필요하지만, 철학적 차원에서 성찰성이라는 이념과 비전이 필요한 것이다.

국가혁신의 진정한 모습은 물질적으로 풍요롭고, 인간적으로 보람을 느끼되, 정신적으로 아름답고 조화로운 사회Materially Affulent, Humanely Rewarding, Spiritually Beaufiful Society를 구현하는 것이다. 물질적으로 풍요로운 효율성, 인간적으로 보람 있는 민주성과 함께 더 나아가 정신적으로 아름다운 성찰성의 사회를 지향한다. 이는 정책학 이론의 의미에서도 공리와 자유를 넘어서는 제3의 이성이 필요함을 강조하는 선행연구와 맥락을 같이 한다C. Anderson, 1993: 215-227. 이를 위해서는 자율성, 창의성을 추구하되 정부-시장-시민사회의 신뢰받고 성숙한 정책네트워크 구축이 필요하며, 국가역량을 이성적 측면뿐만 아니라 국민의 감성적 측면에서도 자존감 높은 국가, 신나게 일하는 사회를 만들어주는 국정리더십이 필요하다.

아래 <그림 2-3>은 정책학의 종합적 차원을 제시하고 있다. 그것은 차원, 제도, 방법, 모형의 층위로 이루어져 있다.

　　첫째, 정책학의 차원은 경제적 차원, 정치적 차원, 철학적 차원으로 구성되어 있다. 경제적 차원은 효율성 이념을 구현하는 것으로 조직 내부의 관리적 이념과 방법을 주관한다. 정치적 차원은 민주성 이념을 구현하는 것으로 정치적 제도 및 절차를 주관한다. 철학적 차원은 성찰성 이념을 구현하는 것으로 철학적 이념 및 비전을 주관한다. 국가와 사회의 최고 차원의 가치를 구현하는 인간의 존엄성과 인간 가치의 고양이라고 이해할 수 있다.

　　둘째, 이러한 차원을 통해 궁극적으로 지향하는 국가혁신은 물질적으로 풍요롭고, 정신적으로 아름다우며, 인간적으로 보람 있는 사회를 실현하는 것을 목표로 한다. 이것은 진선미를 구현하는 삶이며, 보

● 그림 2-3　정책학의 종합적 차원

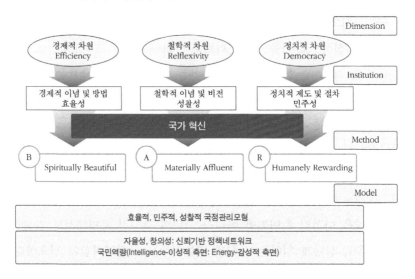

다 높은 차원의 진리眞理와 선善을 향해 나아가는 사회를 실현한다는 것을 의미한다. 정책학이 높은 차원의 철학을 지닐 때 우리 사회는 보다 아름답고 선善한 질서를 구현할 수 있을 것이다.

셋째, 효율적, 민주적, 성찰적 국정관리모형은 이성적 측면과 감성적 측면을 함께 고려한다. 빅데이터 기반 증거 중심 정책결정모형과 함께 국민의 창조성을 고양시킬 수 있는 다양한 정책을 수립할 필요가 있다. 첨단기술 간 융합, 중앙과 지방 간 융합, 행정부와 입법부 간의 융합과 협력적 거버넌스를 토대로 하며, 창조지능형 미래예측시스템을 통한 사회적 난제 해결과 함께 시민과의 진정한 소통을 통해 미래 사회의 불확실성을 종합적으로 성찰하고 처방하는 지혜로운 정부를 추구한다.

제3장

정책학의 전통적 모형

라스웰 정책학의 목적 및 이념 구조

DEEP THEORY OF POLICY SCIENCE

3 정책학의 전통적 모형

라스웰 정책학의 목적 및 이념 구조

라스웰 정책학 모형

　현대 정책학은 라스웰H. Lasswell에 의해 창시되었다. 그는 정책학의 목적 구조를 제시했는데, 인간의 존엄성을 최고 이념으로 제시하면서 민주주의 정책학Policy Science of Democracy을 강조했다. 그리고 이러한 이념들을 달성하기 위해 정책과정과 정책내용에 있어서 과학적 탐구가 필요하다고 주장했다.

　라스웰H. Lasswell이 제창한 민주주의 정책학은 기본적으로 행정학의 역사발달이 제시하는 효율성과 민주성의 변증법적 발전구조를 근간으로 하되 민주성을 강조한 것이었다. 정부의 정책역량 강화를 위해서는 과학적 정책수단의 개발이 필요하지만, 좁은 의미의 관료제적 편협성과 기능주의, 도구주의를 극복하고 목적과 수단의 우선순위 회복을 위해서는 민주주의가 강조되어야 한다고 본 것이다. 다만 인간의 존엄 및 인간가치

● 그림 3-1　라스웰 정책학 모형

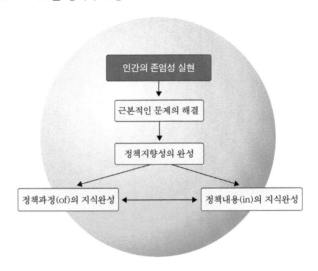

의 고양이라는 이념이 하나의 수사rhetoric적 표현으로 무시되거나 가볍게
평가 절하되는 경우가 많이 있었다. 이는 앞서 언급한 대로 공리주의자
나 계량주의적 전통에서 많이 나타났다.

● 그림 3-2　정책학의 전통적 모형

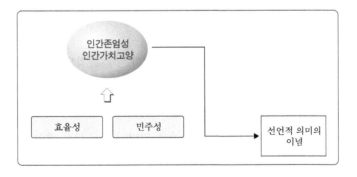

목적 구조

정책학을 처음 제창한 라스웰H. Lasswell의 논문, "The Policy Orientation" (1951)을 살펴보면, 정책학의 궁극적인 목적은 인간의 존엄성을 충실히 실현하는 것이다. 이러한 목적을 위하여 "인간이 사회 속에서 봉착하는 근본적인 문제", 즉 문명사적 갈등을 일으키는 문제, 시대사적 사회변동 또는 세계적 혁명추세, 체제질서 차원에서 일어나는 문제 등의 해결에 초점을 맞추어야 한다고 주장했다.

라스웰H. Lasswell은 이와 같은 중요한 문제를 해결하기 위해서는 정책과정과 정책내용이 통합된 형태의 정책지향성policy orientation의 완성이 필요하다고 강조했다. 따라서 정책학은 인간의 존엄성을 충실히 실현하기 위하여 체제질서 차원에서 일어나는 공공부문의 정책과정과 정책내용에 관한 지식을 문제지향적, 맥락지향적, 연합학문적으로 연구하는 학문이라고 정의할 수 있겠다졸저, 2018.

이념 구조

라스웰H. Lasswell은 정책의 궁극적인 목적은 인간의 존엄성 실현이라고 강조한다. 이를 현대적으로 재해석 해보자면 다음과 같은 세 가지 차원의 정책이념으로 구성되어 있음을 알 수 있다. 즉 효율성, 민주성, 성찰성이다.

첫째, 정부 차원에서 효율성이 확보되어야 한다. 정부조직 내 관료주의 및 형식주의를 타파하고 관리주의와 시장의 경쟁 원리를 도입하여 "일 잘하는 시스템"을 구축함으로써 효율성을 확보하고, 정부조직 내 행정 및 정책과정의 신속성과 효과성을 제고해야 한다.

둘째, 진정한 민주주의를 실현함으로써 정치적 차원에서 민주성이 확보되어야 한다. 전자정부나 첨단기술을 활용하여 민의를 수렴함으로써 정책과정에서도 참여를 확대하고 숙의하는 등 민주주의를 활성화시켜 나가야 한다.

셋째, 국정 철학의 관점에서 성찰성이 확보되어야 한다. 제도와 절차로서의 민주성이 꽃 핀 상태가 성찰성이다. 제도와 절차를 넘어 실질적 민주주의라 하더라도 민주성은 어디까지나 국민이 주인이 되는 정치적 운영 양식을 의미한다. 이에 비해 성찰성은 정치 양식을 넘어 인간이 주체가 되고 목적이 되는 삶의 양태, 그리하여 인간의 존엄이 지켜지고 의식이 고양되는 사회 질서를 만들어가는 철학적 이념을 의미한다.

정부는 사회 구성원들의 진정한 주체성과 독립성이 보장되는 사회를 만들어 나가야 하며 개인 차원에서 인간의 존엄성이 확보되고 공동체 차원에서 신뢰받고 성숙한 사회를 실현하기 위해 노력해야 한다. 인간을 주체와 목적으로 대우하고, 국민 개개인의 자아실현과 자아완성을 자극하고 격려해 주는 정책을 펼쳐나가야 한다. 이것이 바로 라스웰H. Lasswell의 주장을 현대적으로 재해석한 것이다. 다시 말해, 정책의 최상위 가치는 인간의 존엄성(인권, 정의, 존엄) 및 당위성의 실현인데, 이를 한 단어로 표현하자면 성찰성이라고 할 수 있다.

이처럼 성찰성은 물질이나 제도를 넘어선 종합적 차원의 철학적 이념으로서 정부든 시민이든 인간이 삶의 주체라는 목적의식으로 분명하게

깨어나 인간 내면의 차원 높은 의식의 창조성을 이끌어 낼 수 있어야
하며, 이를 통해 우리 사회의 창조적 질서는 한 차원 높게 고양되어야
함을 시사하고 있다. 따라서 본서의 목적도 하나의 수사로 그치던 인간
의 존엄이라는 이념을 높은 차원의 플랫폼으로 정립하여 성찰성의 이념,
모형, 철학 및 방법론으로 구성하는 데 있다. 이는 앞에서 선행연구로
살펴 본 허범(1982, 1992, 1995)의 논제인 "목적과 주체로서의 인간" 역시
좀 더 공식적인 이념과 철학으로 정립하여 구체적인 구성과 방법론으로
구현하는 학술적 작업이다.

정책학 이론

정책학이론이란 정책학이라는 학문이 탄생하고 그 이후 발전해 오는
과정에서 나타난 다양한 관점의 학설사적 이론과 인식론적 기반을 총체
적으로 정리해 놓은 정책학의 세부 학문 분과를 말한다. 정책학이론을
바라보는 세 가지 학술적 관점은 다음과 같은 흐름으로 이루어져 있다.

- 정치학적 흐름: 정치 및 권력구조, 정치과정론적 요소
- 경제학적 흐름: 통계학과 미시경제학, 계량경제학적 요소
- 철학적 흐름: 인간의 존엄과 실천적 이성, 인문주의 가치를 중시하
  는 정책 철학과 윤리

정치학적 구조, 질적 분석이든 경제학적 계량, 양적 분석이든 혹은 철
학적 윤리 분석이든 이들의 궁극적 목적은 인간의 존엄성을 실현하는

데 있다. 인간의 존엄dignity을 실현하고 인간의 가치value를 고양하는 데
있다. 이를 라스웰H. Lasswell은 민주주의 정책학이라고 불렀다.

따라서 우리는 이러한 문제 제기를 기초 인식으로 하여 정책학 연구
의 과거, 현재, 미래를 고민해 보아야 한다. 특히 정책학이론이라고 지
칭할 때 우리는 정책학의 인식론적 기초, 라스웰H. Lasswell이 제시한 정책
학의 학문체계 및 이론의 발달사史, 정책이념과 윤리, 철학을 의미하기
때문이다.

정책학 이론의 실패

정책학의 태동은 정책의 윤리성에 대한 특별한 관심에서 비롯하였다.
가치중립적이고 추상적 목적을 제시하는 다른 학문과는 달리 정책학은
특정한 내용의 윤리적 목적을 명백히 표방하며 탄생하였다허범, 1992:
165-168; 허범, 2002: 297. 논리적 실증주의가 풍미하던 당시에 가치중립성을
포기하고 '인간의 존엄성 구현'이라는 가치를 공개적으로 명확하게 선언
한 학문체계이다W. Ascher, 1987: 365. 즉, 인간의 존엄성이라는 윤리적 기초
와 주관적 극대화와 실천적 이성이라는 행태적 기초를 문제지향성, 맥락
지향성, 연합학문지향성이라는 실용주의적 접근에 접목시킨 가치지향적
학문 패러다임이다.

허범2002: 305-306은 정책학이 탄생 초기에 품었던 이상의 실현에 실패
하였음을 지적하면서, 정책학의 정체성과 가능성을 복원하는 길은 라스
웰H. Lasswell이 주창한 패러다임과 탈실증주의post-positivism를 접목시키는
것이라고 주장한 바 있다Ascher, 1986 & 1987; Brunner, 1991 & 1996; deLeon, 1988 &

1994, Fisher, 1998, Torgerson, 1992. 정책분석이 인간의 존엄성 실현이라는 가치에 좀 더 충실하게 다가가지 못하고 국책사업에서 의무화되는 예비타당성조사에서 비용 – 편익분석cost-benefit analysis 등에 국한된다면, 이는 분명 도구적 합리성instrumental rationality과 분석적 오류analytical errors에 떨어지는 것이다. 그리고 이는 라스웰H. Lasswell이 당초 주장했던 학문적 패러다임이나 정신과도 동떨어진 것이다.

제4장

정책학의 인식론적 주제들

정책학의 인문주의적 가치에 대한 학술적 고찰

DEEP THEORY OF POLICY SCIENCE

4 정책학의 인식론적 주제들

정책학의 인문주의적 가치에 대한 학술적 고찰

인간 존엄의 근원

인간의 두뇌는 앎의 총체인 신의 마음에서 모든 생각의 주파수를 받도록 설계되어 있지만, 자신이 받기 위해 허용하는 주파수만 받도록 활성화되어 있다. 모든 경이로운 생각들이 무한히 쏟아지지만 대부분 사람들이 허용하는 앎이란 단지 사회의식이 가지고 있는 낮은 주파수의 생각뿐이다. 당신들이 진실로 마음의 문을 열고 모든 가능성을 활성화할 때 그대는 신적인 의식, 즉 높은 주파수의 삶을 살 수 있을 것이다.

— 람타[24]

정책학의 최종 목표는 인간의 존엄성 실현이다. 인간의 존엄을 실현함으로써 높은 차원의 사회 질서를 구현하고자 하는 것이 정책학의 정신이다.

인간 존엄의 근원은 인간이 인간 자체를 사유할 수 있는 그 정신의 순수성, 즉 신적인 의식으로부터 온다. 주체가 객체로서의 사물을 상대하지 않고 주체가 주체를, 내면이 내면을 오롯이 성찰한다는 것은 깊은 정신문화의 꽃이다. 성찰성의 인식론적 근원은 이처럼 신의 마음을 본질에 뿌리내린[25] 인간 정신의 고유한 존엄에서 출발하고 있는 것이다.

개인이나 공공의 삶은 보편적 지혜에 따라 이루어져야 하며, 인간은 지혜와 미덕의 성장을 통해 더 나은 세계로 나아간다. 그리고 이러한 노력을 통해 우리 사회는 낮은 차원에서 더 높은 차원의 질서를 만들어 갈 수 있다는 믿음은, 이미 앞에서도 언급한 것처럼, 인류의 오래된 지혜였다.

인간은 정치적 자유, 경제적 공리를 넘어서 공동체와 미래의 선을 추구하는 존재이다. 그러면서도 상호 신뢰를 통해 정이 넘치고 성숙한 공동체를 지향해 나가는 존재이다. 인간은 단순히 법과 절차만을 지키는 제도적 존재는 아니며, 그 위에 더 높은 정신적 질서와 차원이 있는 것이다. 그것은 우리 내면의 정신적 질서로 잠재되어 있다가 외부로 표현될 때는 사랑, 정의, 예절, 지혜로 나타난다.

인간 내면의 질서에는 낮은 차원과 함께 높은 차원의 플랫폼이 있듯이, 정책학에도 낮은 차원과 높은 차원의 플랫폼이 있다.

그렇다면, 우리는 어떻게 인간의 원리를 보다 높은 차원에서 구현해 나갈 수 있을 것인가? 법과 제도에 기초한 라스웰H. Lasswell의 민주주의 정책학을 넘어 사랑과 인간애에 기초한 성찰적 정책학을 어떻게 발전시킬 수 있을 것인가?

그러려면, 민주주의의 가치를 확인해 나가면서 인간을 인간답게 해주는 성찰성과 같은 이념적 기반을 만들어 나가야 하는데, 나와 남이 하나가 되고 열린 성찰의 시대를 열기 위해 정책학은 어떤 노력과 학문적 패러다임을 만들어 나가야 할 것인가?

인간의 존엄성에 대한 재고再考

'인간의 존엄성'이라는 단어의 높은 추상성으로 인해, 이는 때론 선언적 의미에 그친 것으로 받아들여지기도 한다. "요즘처럼 어려운 경제 현실 속에서 민생과 경제가 우선이지 무슨 인간의 존엄성이야? 그건 너무 추상성이 높아 현실성이 없잖아" 등과 같은 반응에서도 읽을 수 있듯이 인간의 존엄성은 그저 선언적 의미로 받아들여지고 있는 수준이다.

하지만 라스웰H. Lasswell이 정책학이라는 새로운 학문을 열 때 인간의 존엄성이 충실히 구현되는 독창적 학문적 패러다임을 기대하고 구상한 것이라면, 오늘날 정책학이 과연 그 목적론적 체계에 충실히 부합되고 있는지를 점검해 나가야 한다.

인간의 욕구는 다양한 단계성을 지닌다. 매슬로A. Maslow(1954)가 《동기와 성격Motivation and Personality》에서 지적했듯이, '생리적 욕구', '안전적 욕구', '사회적 욕구', '자기존중', '자아실현' 등이다. 그 이후 욕구5단계 이론은 보완되었는데, 자아실현 욕구를 세 가지 상위 수준의 욕구로 나누어 '지적 성취', '심미적 이해', '초월적 욕구' 등이 추가되었다. 이는 곧 인간 정신이 높은 단계에 이르면 인식적, 심미적, 초월적 욕구와 같은 정신적 창조성을 추구하게 됨을 의미한다. 말하자면, 인권, 정의, 존엄과 같은 가치는 인간 자아실현의 최상위적 품격에 해당하는 위상을 지니는 것이다.

실천적 이성

정책학 이론에서 바라보는 기본적 인간관은 실천적 이성practical reason에 기초하고 있다. 이 때 실천적 이성이란 민주사회 시민이라면 누구나 가지는 사회공동체의 공공선과 보다 창조적인 미래를 추구하는 인간 내면에 존재하는 보편적인 인간의지를 말한다Charles Anderson, 1993: 223. 이것은 드라이 젝J. Dryzek, 1990이 말하는 '숙의민주주의'의 정책학policy science of 'discursive democracy', 피셔F. Fischer, 1980가 말하는 정책탐구policy inquiry와 일맥상통하면서 동시에 듀이J. Dewey의 실용주의 철학philosophic pragmatism과 하버마스J. Habermas(1987, 1971)가 강조하는 정책탐구, 정책담론, 정책실험, 개방적 사고에 기초한 비판적 이성critical reason 및 교정가능성corrigibility과 궤를 같이한다.

하버마스J. Habermas(1971: 4)는 계량분석에 기초한 실증주의적 접근이 종종 도구적 합리성으로 전락하는 위험성에 대해서 지적한다. 이러한 위험성을 극복하기 위해서는 정책분석 엘리트만이 옳다는 독단적 혹은 일방향적 사고에서 벗어나 "토론과 숙의에 기초한 정책논의"가 필요하며, 이는 인간 내면에 존재하는 실천적 이성에 기초한 토론과 숙의의 중요성에 대한 믿음이며, 이러한 정신만이 18세기 말 이후 계몽주의 철학자들이 미처 완성하지 못했던 "미완의 프로젝트Unfinished Project"를 실현시키는 유일한 길이라고 강조했다.

앤더슨Charles Anderson(1993: 215-227)은, 이미 언급한 바와 같이, 인간행위의 이성을 설명하고 규정짓는 공통된 틀로서 세 가지 이론적 흐름을 제시하면서 실천적 이성에 기초한 숙의민주주의야말로 민주주의 정책학을 실현하는 중요한 정책학 이론이라는 점을 강조했다.

카힐과 오버만A. Cahill & S. Overman(1990: 13-24) 역시도 민주주의 정책학에 있어서 실천적 이성에 기초한 정책토론과 정책논증의 중요성을 강조한다. 이들은 정책분석의 그 외관상 눈부신 발전에도 불구하고 하나의 통합된 틀이 없음을 지적하고, 정책연구가 좁은 의미의 합리성에 토대를 둔 기계적인 정책분석이나 계량모형으로 전락하고 있음을 지적하면서 정책학 이론이 앞으로 보다 다양하고 넓은 의미의 유기적인 학문으로 진화해야 한다고 주장했다.

우리는 이상의 논의를 통해 민주주의 정책학을 실현하는 데 있어서 인간의 존엄성에 대한 지향 및 근본적 문제의 추구가 중요하다는 점을 알 수 있었다. 이는 좁은 의미의 기계론적 합리모형이 아니라, 민주사회의 보편적 시민이라면 누구나 지니는 인간 내면의 실천적 이성에 기초한 열린 사고와 토론 그리고 숙의를 요구하는 것이다. 정책문제에 담긴 다양한 형태의 해석적 구조와 주장을 발견해 나가려는 노력이 정책학 이론의 중요한 인식론적 토대가 되어야 할 것이다.

마이클 샌델의 제3의 정의

우리에게 널리 알려진 하버드 대학의 마이클 샌델Michael Sandel 역시도 같은 관점을 제시했다. 그는 대표작 『정의란 무엇인가』에서 정의를 이해하는 세 가지 방식, 즉 1) 공리, 2) 자유, 3) 미덕을 들고서, '최대 다수의 최대 행복'의 기준으로서 경제학적 공리주의 접근, '자신이 하고 싶은 일을 마음대로 할 수 있게 하는' 기준으로서 정치학적 자유주의 전통만으로는 인간의 정의와 행복을 설명할 수 없다고 주장했다. 더 나아가 인

간에게는 이러한 물질이나 제도를 넘어선 그 무엇, 더 높은 차원의 미덕이 존재한다는 것이다.[26]

이러한 논의는 낮은 차원의 플랫폼과 높은 차원의 플랫폼을 시사해주고 있다. 우리 사회는 자본주의가 심화되면서 이미 경제학적 편의주의가 팽배해 있다. 경제적 효율성이나 비용편익분석에 기초한 정책분석이 상당 부분 대세를 이루고 있다. 편리성, 편의주의, 물질 중심의 사고를 넘어선 그 무엇이 인간에게는 존재한다. 그것은 '공동선으로서의 미덕'이라고 불러도 좋지만, 인간 내면에는 돈(물질)과 자유(제도)만으로는 설명할 수 없는 높은 차원의 이성이 존재하는 것이다. 그렇다면, 정책학은 현실과 타협하여 즉흥적인 정책을 펼치는 데에만 주력할 것인가?

정부는 장기적 시각에서 미래를 내다보고, 바람직한 삶이라는 관점에서 공동체의 선善을 고양시킬 수 있는 정책을 고민해야 한다. 무엇이 옳은 정책인지, 무엇이 바람직한 삶의 방식인지를 고민해야 한다. 시민들 내면에 존재하는 실천이성을 자극하고 고양시킬 수 있는 방안을 고민해야 한다.

그렇다면 무엇이 미덕인지, 무엇이 옳은 정책인지, 무엇이 최선의 삶인지를 고민하는 공적 토론도 활성화되어야 한다. 또한 무엇이 훌륭한 정책인지를 평가할 수 있는 분석과 판단 기준이 제시되어야 한다. 단순한 효율성이나 절차와 같은 민주성뿐만 아니라, 보다 높은 차원에서의 가치들이 중히 여겨질 수 있는 기준들이 제시되어야 한다.

높은 차원의 국가론: 원형이정과 인의예지

「주역」에서는 계절의 변화를 '원형이정'元亨利貞이라는 말로 표현한다. 계절의 변화가 단순히 눈으로 보이는 자연의 변화만이 아니라 눈에 보이지 않는 하늘의 4가지 덕德을 의미한다는 것이다. 글자를 파자破字형식으로 뜯어보면, '원'元은 만물이 시작되는 봄(목木의 기운)을 의미하는 말로 사랑의 '인'仁의 의미를 담고 있으며, '형'亨은 만물이 성장하는 여름(화火의 기운)으로 '예'禮를, '이'利는 만물이 결실을 이루는 가을(금金의 기운)로서 '의'義를, '정'貞은 갈무리하여 다음을 기다리는 겨울(수水의 기운)로서 '지'智를 의미한다.

『사자소학』에 "원형이정元亨利貞은 천도지상天道之常이요, 인의예지仁義禮智는 인성지강人性之綱"이라고 되어 있다. 원형이정은 천도의 영원함이요, 인의예지는 인성의 도리라 는 것이다. 즉, '인의예지'仁義禮智는 하늘의 품성을 닮기 위해 인간에게 꼭 필요한 덕목을 말한다.

이처럼 조선의 선비들은 형이상학의 하늘에 원형이정의 원리가, 형이하학의 땅에서는 인의예지의 원리로 새겨져 있다고 보았다.

하늘이 갖추고 있는 4가지 덕 또는 사물의 근본 원리인 원형이정元亨利貞은 천도天道로 우리에게 밝은 지혜를 깨우쳐 주며, 인도人道는 인의예지仁義禮智로 사람이 사람다워야 할 도리라고 본 것이다.

조선의 성리학은 이런 지혜를 사는 곳에도 구현했다. 서울의 동쪽에는 흥인지문仁, 서쪽에는 돈의문義, 남쪽에는 숭례문禮, 북쪽에는 홍지문智이라 했다. 이 모든 중심에 있는 보신각普信閣은 인의예지를 실천해 나가는 덕목으로서 성실과 신의信를 담고 있다.

하지만 이렇게 인간이 살아가는 철학적 기반이 현재는 흔들리고 물질

만능주의와 이기주의가 팽배한 것이 요즘 세상이다. 우리의 선조로부터 내려오던 우리의 민족정기 속의 원형이정과 인의예지의 철학은 사라지고, 사람이 사람답고자 하는 높은 정신은 잊혀져가고 있다.

인성교육의 핵심은 "원형이정元亨利貞 천도지상天道之常, 인의예지仁義禮智 인성지강人性之綱"이다. 조선의 선비들은 이러한 사상을 실천하고 계승하기 위한 부단한 노력을 게을리하지 않았다. 칸트의 선善의지의 원리가 원형이정과 인의예지의 정신에 모두 담겨져 있다. 퇴계가 성학십도에서 그리고 율곡이 성학집요에서 말하고자 하였던 성학의 바른 도리, 높은 차원에서 국가가 새겨야 원리가 모두 여기에 담겨 있는 것이다. 백성은 제대로 먹고 입고 자며 생업을 누리면 탈이 날 이유가 없다. 국가와 사회의 지도자가 이런 이치를 알고 대덕大德을 이루면 존경을 받을 수 있는 것이다.

제5장

철학적 근거

정책학의 인문주의적 가치에 대한 철학적 고찰:
동서양의 철학적 뿌리 및 높은 차원의 플랫폼

DEEP THEORY OF POLICY SCIENCE

5 철학적 근거

정책학의 인문주의적 가치에 대한 철학적 고찰:
동서양의 철학적 뿌리 및 높은 차원의 플랫폼

철학적 사유

창조계와 존재, 현상계에 두루 깃든 만물의 법칙과 존재 원리, 그 창조적 권능을 서양에서는 로고스神, 이데아라고 불렀으며, 동양에서는 천리理, 性라고 불렀다.

그렇다면, 왜 이렇게 숭고하고 고귀한 인간의 창조적 본성은 자꾸만 흐려지고 왜곡될까?

인간은 가장 고귀한 본성과 권능을 품수稟受 받았지만, 그의 감정과 기질로 인해 순수하고 빛나는 본성은 흐려지고 탁해진다. 하지만 그 창조적 권능이 어디로 사라진 것은 아니다. 그래서 서양에서는 로고스Logos를 닮은 이성을 발현시켜 창조의 법칙을 깨달으라고 설파했으며, 동양에서는 인간의 감정과 기질을 순수하게 맑히고 밝힘으로써 우주의 법칙을 깨달으라고 가르쳤다.

이 장에서는 동서양의 철학적 뿌리를 찾아보고자 한다. 동서양의 철학적 전통 역시 낮은 차원과 높은 차원의 플랫폼을 말해주고 있으며, 세상 속에 던져진 자아는 낮은 차원에서 높은 차원의 플랫폼으로 자신의 삶을 한 차원 더 높게 승격시켜야 한다는 점을 가르쳐 준다.

이를 위해 먼저 동양철학의 성리학을 살펴보고자 하는데, 이러한 동양의 성리학은 크게 세 파트로 구성되어 있다. 그것은 바로 우주론理와 氣, 심성론性과 情, 그리고 수양론心과 性이다.

동양철학의 우주론: 理와 氣

우주론은 우리가 살고 있는 이 우주는 무엇으로 이루어져 있을까에 대한 탐구인데, 동양철학의 성리학에서는 우리가 사는 우주는 크게 나누어 이理와 기氣 두 가지로 구성되어 있다고 본다. 우리 눈에 보이는 세계의 만상 만물은 기氣의 형태이지만 이들을 형성시키고 작용시키는 높은 차원의 원리理가 있다고 본다. 즉, 우주의 보이지 않는 이러한 이理가 만상만물로 나타난 기氣의 세계를 주도하고 있다는 사상이다.

이理는 이 세상의 근본원리이다. 형이상학의 세계로서 형체는 없지만 본질이다. 그리고 아직 형체로 나타나지 않았다고 하여 절대계 혹은 선천의 세계라고 부른다. 이理는 순선무악純善無惡: 순수한 선이며 악이 없는 세계이다. 퇴계는 이귀기천理貴氣賤이라고 하여 높은 차원의 근본원리는 귀貴하고, 현상에 나타난 낮은 차원의 감정은 천賤하게 흐를 수 있기에 항상 언행이나 몸가짐은 신중해야 한다고 했다. 주자 역시 높은 차원의 형이상학의 근본원리를 소이연所以然이라고 하여, 만물이 그럴 수밖에 없는 이치가 우주에는 내재되어 있다고 주장했다.

우주의 보이지 않는 형이상학의 세계가 만상만물로 펼쳐지면 형이하학의 세계가 나타난다. 우주의 이理가 펼쳐지면 기氣의 세계로 드러나는 것이다. 형이상학의 이理의 세계는 높은 차원의 플랫폼으로서 순선무악純善無惡이었는데 반해, 현실로 드러난 기氣의 세계는 낮은 차원의 플랫폼으로서 가선가악可善可惡: 선할 수도 있고 악할 수도 있는 세계이다. 기氣의 세계는 현실로 펼쳐지는 과정에서 청탁수박淸濁粹駁이 발생하는데, 맑고 순수한 청수淸粹의 기질은 선善한 결과로 이어지고 무겁고 얼룩진 탁박濁駁의 기질은 악惡한 결과를 낳을 수 있기 때문이다.

이처럼 동양철학에서의 우주론은 세상의 낮은 질서와 높은 질서로 구성되어 있음을 알 수 있다. 우주에는 근본적으로 순수한 이理의 세계인 높은 차원의 플랫폼과 기氣의 세계인 낮은 차원의 플랫폼이 병존하고 있는 것이다. 이러한 본질적인 논의는, 정책학을 연구하는 우리도 정책이라는 도구적 수단을 통해 이 세상을 어떻게 하면 낮은 차원의 플랫폼에

• 그림 5-1 동양철학의 구조: 우주론

이(理) 원리 본질	형이상학의 세계로 형체가 없음(선천: 純善無惡의 세계) → 높은 차원의 플랫폼(眞善美)		
	천지만물이 따라야 할 근본원리 → 소이연	소이연 (所以然)	만물의 근본원리(칸트의 순수이성)
기(氣) 재료 양태	형이하학의 세계로 형체가 있음(후천: 可善可惡의 세계) → 낮은 차원의 플랫폼(僞惡醜)		
	천지만물이 따라야 할 보편법칙 → 소당연	소당연 (所當然)	만물의 보편법칙(칸트의 실천이성)
	현실에서 기질에 따라 선과 악이 발생(기: 淸濁, 질: 粹駁)		

자료: 주자 大學章句에서 수정.

서 높은 차원의 플랫폼으로 승화시켜 나갈 것인지를 고민해야 함을 시사하고 있다.

동양철학의 심성론: 性과 情

동양철학의 우주론은 인간의 심성론心性論으로 이어진다. 우주의 만상 만물이 이理와 기氣로 이루어져 있다면 우주에서 가장 고귀한 존재로 품수稟受 받은 인간의 마음은 어떻게 이루어졌을까 하는 질문으로 이어지는 것이다.

동양철학의 성리학에서 말하는 인간의 마음은 성性과 정情으로 이루어져 있다. 성性은 선천先天의 본성이니 아직 현실에서 발현되지 않은 세계未發의 세계의 원리를 말한다. 이러한 성품은 고귀한 우주의 원리로서 순선무악純善無惡, 선만 있고 악은 없는 세계인데, 이를 본연지성本然之性이라고 부른다.

하지만 이러한 본성의 원리가 현실에서 발현되는 과정에서 인간의 기질에 따라 가선가악可善可惡, 선도 악도 가능의 세계로 바뀌는데, 이를 기질지성氣質之性이라고 한다.

불교철학에서도 인간의 마음을 잘 설명하고 있다. 불교에서는 마음을 제1식~제9식까지로 정교하게 나눈다. 성리학과 비교하여 설명하자면 아직 발현되지 않은 마음을 제8식~제9식이라고 하고, 발현된 마음을 제6식이라고 한다. 인간 내면의 제8식, 무의식아뢰야식에는 오랜 세월 경험된 정보種子들이 축적되어 있는데, 현생에서 발현되는 의식을 제6식, 현재의식이라고 한다. 이때 무의식에 저장된 선善한 종자들은 선한 행위의 결과를 낳고, 악惡한 종자들은 악한 결과를 낳는다. 탐욕과 분노, 무지로 얼룩진 내면의 무의식들을 정화하고 닦아 나가면 텅 비어 깨어있는 밝은 알아차림을 만난다. 그것이 제9식인데, 우리의 초의식이며 본연지성本然之性이다. 우리 본성의 순수함이며 오롯이 알아차림으로 존재하는 의식이다. 우리의 선조들은 이를 공적영지空寂靈智의 마음이라고 불렀다. 텅 비어 고요하되 밝게 알아차리는 우리의 본래 마음이라는 뜻이다.

하지만 이러한 우리의 순수한 마음은 현생에서 발현되면서 오염되거나 왜곡되는 데 그것은 각자가 가지고 있는 기질지성氣質之性 때문이다. 즉, 인간은 그의 기질과 감정에 따라 청탁수박淸濁粹駁으로 나뉘는데, 맑고 순수한 청수淸粹의 기질은 선善한 결과를 낳고 무겁고 얼룩진 탁박濁駁의 기질은 악惡한 결과를 낳는 것이다.

다시 정리하면, 인간의 본연지성은 인의예지와 같은 높은 차원의 플랫폼으로 이어지고 기질지성은 희로애락과 같은 낮은 차원의 플랫폼으로 이어진다. 낮은 차원의 감정인 희로애락은 자신의 몸個體만을 중시하는 감정이며, 호리피해好利避害, 이해득실利害得失이 주가 되는 감정의 원리이다. 자신의 몸을 중심으로 이해득실만을 따지며 이익이 되면 달라붙지만 손해가 되면 금방 도망간다. 이에 비해 높은 차원의 감정인 인의예지는 자신의 몸만을 따지지 않는다. 자신의 몸을 넘어서 타인과 공동체를 배려하는 높은 수준의 감정 상태이다. 인의예지의 마음은 남을 측은하게 여기는 마음(사랑)惻隱之心, 일을 사리에 맞게 합당하게 처리하는 마음(정의)羞惡之心, 남에게 공손하게 배려하고 예의를 지키는 마음(예의)辭讓之心, 사리 분별에 맞게 판별하며 이성으로 판단하는 마음(지혜)是非之心으로 나타난다.

이처럼 동양철학의 성리학에서 말하는 인간의 심성론에서도 순수한 인의예지仁義禮智: 性의 세계인 높은 차원의 플랫폼과 단순한 감정의 발현인 희노애락喜怒哀樂: 情의 세계인 낮은 차원의 플랫폼이 병존하고 있음을 말해

주고 있다.

인간을 다루는 사회과학으로서의 정책학은 이를 어떻게 받아들일 것인가? 정부의 관료도 사람이고, 정책대상집단인 국민이나 시민들도 사람으로 구성되어 있다. 정책을 통해 혜택을 받는 집단도 있고 희생을 강요당하는 집단도 있을 것이다. 정책은 법률이나 제도로 표현되지만 전달하는 수단의 이면裏面은 본질적으로 마음이다. 정책이 전달되는 과정과 현장에서 인간의 감정은 발현된다. 전달하는 자와 전달받는 자의 마음이 상호작용하여 화합도 일어나고 갈등도 발생한다. 정책을 다루는 정부도 인간의 마음이 작용하는 이러한 근본원리를 십분 연구하여 우리의 사회를 어떻게 하면 낮은 차원에서 높은 차원으로 변화시켜 나갈 수 있을지를 고민해야 할 것이다.

• 그림 5-2 동양철학의 마음: 심성론

성(性) 末發 선천의 본성	심층의식(제9식＋제8식): 선천에서 본성과 원리로 잠재됨(선천: 純善無惡의 세계)		
	선의 이데아 (무극, 초의식)	본연지성 (本然之性)	본성(理): 본연원리
		기질지성 (氣質之性)	기질(氣): 기질염체

정(情) 已發 후권의 감정	표층의식(제7식＋제6식): 후천에서 감정과 기질로 드러남(후천: 可善可惡의 세계)
	본연원리(理) → 인의예지: 惻隱辭讓, 羞惡是非 * 개체를 넘어선 순수한 마음(本然之性) 　　　　　　 → 높은 차원의 플랫폼(眞善美)　　* 방법: 寂然不動, 居敬窮理, 空寂靈知 　　　　　　　　　　　　　　　　　　　　　　　　 寂寂惺惺
	기질염체(氣) → 희로애락: 好利避害, 利害得失 * 개체에 국한된 감정과 기질(喜怒哀樂) 　　　　　　 → 낮은 차원의 플랫폼(僞惡醜)

자료: 주자 大學章句에서 수정.

동양철학의 수양론: 心과 性

동양철학의 우주론과 심성론은 마지막 질문, 그럼 어떻게 하면 인간은 낮은 차원의 존재에서 높은 차원의 존재로 승격할 수 있을까에 관한 것이다.

동양철학의 성리학에서 말하는 인간의 수양은 심心과 성性으로 이루어져 있다. 개체의 몸과 마음인 신身과 심心을 어떻게 하면 수양하여 하늘의 원리인 성性과 이理에 도달하게 할 수 있을까 하는 것이 마지막 수양론의 주제이다. 인간은 몸과 마음身, 心을 닦으면 하늘의 본성性, 理에 도달할 수 있다고 보는 것이다.

퇴계는 인간의 마음은 몸의 주재主宰가 되어야 한다고 보았는데, 마음이 감정이 발현되기 전이나 발현된 후에도 고요하고 드넓은 평정심平靜心의 경지에 도달해야 한다는 뜻이다. 이렇게 하려면 본성에서 발현되는 인의예지를 도덕원리로 삼아 거경궁리居敬窮理하며 격물치지역행格物致知力行해야 한다고 보았다. 거경居敬이란 깨어있음이며, 궁리窮理란 본성의 도덕원리를 한시도 잊지 않는다는 뜻이다. 더 나아가 격물치지格物致知를 통해 우주의 도덕원리를 밝히고, 역행力行을 통해 언행일치가 되도록 실천해야 한다는 것이다.

이처럼 동양철학의 성리학에서 말하는 인간의 수양론에서도 순수한 하늘의 원리를 구현한 높은 차원의 플랫폼과 개체적 몸과 마음의 발현인 낮은 차원의 플랫폼이 병존한다고 말해주고 있다.

정책학 역시 사람이 행위자로 등장하는 학문이다. 이상에서 논의한 동양철학의 우주론, 심성론, 수양론은 어떻게 하면 정책이라는 수단적 가치를 활용하여 보다 높은 차원의 본질적 가치를 실현시킬 수 있을지를 고민해 보는 계기를 제공해 주고 있다. 우리는 정책학을 통해 우리가 살고 있는 이 세상을 어떻게 하면 낮은 차원의 플랫폼에서 높은 차원의 플랫폼으로 승화시켜 나갈 것인가?

• 그림 5-3 동양철학의 수양: 수양론

동양의 성리학 철학

• 우주의 본질(substance)는 천리(天理)이며,
  인간의 몸(身)과 마음(心)은 수양을 통해 우주의 본성(性, 理)을 닮을 수 있다.
• 天理, 수양(身, 心) → 우주의 본성(性, 理)

마음(心)을 몸(身)의 주재(主宰)로 삼고,
    본성(性)을 도덕 원리(理)로 삼았다(주자, 퇴계)

居敬窮理, 格物致知 → 心(身) → 性(理)
    → 낮은 차원의 플랫폼 → 높은 차원의 플랫폼

서양철학과의 비교: 神과 性

동양철학의 성리학은 서양철학의 스토아와 어떻게 비교될 수 있을까?

먼저, 서양의 스토아 철학은 로고스神를 강조한다. 우주(자연)는 실체적으로 존재하고 인간은 이러한 우주로부터 이성을 부여받았다. 우주(자연)에는 신의 법칙이 존재하는데, 인간은 신으로부터 품수稟受 받은 이성을 통해 우주의 법칙을 파악하고 닮아가야 한다고 보았다.

동양의 성리학도 유사한 구조이다. 로고스神가 천리性로 대체되었을 뿐 논리는 놀라울 정도로 동일하다. 즉, 동양의 성리학은 천리性를 강조한다. 하늘에는 원리性가 존재하며 인간은 개체적 몸身과 마음心을 잘 닦아

하늘의 원리를 닮아가야 한다고 보았다. 하늘의 원리는 사람이 살아가야 할 도리인 인의예지仁義禮智로 구현되며, 정치 역시 백성의 뜻을 잘 파악하여 풍요롭고 행복하게 잘 살 수 있도록 도덕정치道德政治를 구현해야 한다고 보았다.

로고스神는 천리性와 비교되며, 인간의 이성은 양심에 기초한 수양에 비유될 수 있다. 이처럼 동양철학의 성리학이나 서양철학의 스토아 역시도 인간이 살아가는 도리에는 낮은 차원의 플랫폼과 높은 차원의 플랫폼이 병존하고 있음을 말해주고 있다. 또한, 세상의 질서를 구현하는 정치 역시도 낮은 차원의 플랫폼과 높은 차원의 플랫폼이 병존하고 있음을 말해주고 있는 것이다.

우리의 시선이 낮은 차원에 머물 때 낮은 차원의 현상이 발현된다. 우리의 시선이 높은 차원을 염두에 둘 때 높은 차원의 현상이 실현될 수 있다. 인간과 세상을 존엄이라는 가치로 승화시키려는 정책학은 어떤 시선과 관점을 통해 우리가 살고 있는 세상을 낮은 차원에서 높은 차원으

● 그림 5-4   서양철학과의 비교: 신(神)과 성(性)

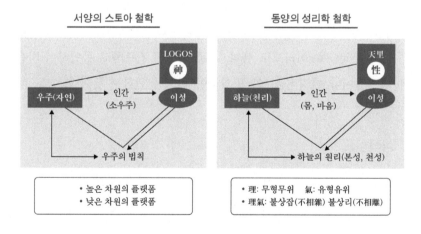

로 승화시킬 것인가?

인문학 고전에 대한 탐구

퇴계의 철학

조선의 성리학자, 퇴계는 한 평생 경敬과 이理를 연구했다. 공자가 평생 서恕 한 글자에 매진하면서 일이관지一以貫之했다면, 퇴계에게 있어 그 한 글자는 경敬이었다. 이 경이라는 글자를 파자해서 그 뜻을 풀어보면 "신하가 추상처럼 엄한 황제 앞에 조심하여 서 있는 모습"이다. 언제 목이 달아날지도 모르는 엄격한 임금 앞에 서면 신하는 엄숙해 질 수 밖에 없다. 의관을 정제하고 몸가짐을 바르게 하며 안으로 마음을 정숙하게 다스려 깨어있을 수밖에 없다. 언제 어떤 질문이 떨어질지 모르니 엄숙하게 깨어있을 수밖에 없다. 말하자면 공경하며 성실하며 신독하되 무엇보다 깨어있는 것이다. 이를 퇴계는 거경궁리居敬窮理라고 표현했다. 온통 몸가짐을 경에 두고 우주와 사물의 이치를 탐구해 나가야 한다는 것이다. 주일무적主一無適이라고도 했다. 온통 하나에 집중하고 몰입하여 마음의 혼란함이나 어지러움, 그 방황함이 없도록 한다는 뜻이다.

성학십도

퇴계의 거경궁리과 주일무적의 철학은 당시 국가를 운영하는 군주가 갖추어야 할 자세와 마음가짐으로 이어지며, 이는 그의 성학십도로 정리되었다. 국가의 길은 성인을 향한 학문인 성학聖學을 통해 표현될 수 있다는 것이다.

「성학십도聖學+圖」는 1568년 겨울, 퇴계가 조정을 떠나면서 선조 임금에게 올린 글로, 제왕이 감당해야 할 심학心學, 즉 마음의 공부법을 그림 열 장으로 정리한 것이다.

퇴계의 성학십도는 제1) [태극太極] 인간의 기원, 제2) [서명西銘] 인간의 소명, 제3) [소학小學] 기초 훈련, 제4) [대학大學] 교육의 프로그램, 제5) [백록동규白鹿洞規] 지식 그리고 실천, 제6) [심통성정心統性情] 마음의 본질과 역동을 말한다, 제7) [인설仁說] 성장이냐 쇠락이냐, 제8) [심학心學] 마음의 실전 수련, 제9) [경재잠敬齋箴] 주시와 집중의 힘, 제10) [숙흥야매잠夙興夜寐箴] 선비의 일과 등 10개의 장으로 정리되어 있다. 그 요체는 우주의 본체, 인간의 소명, 교육의 전략, 마음의 수련방법, 주시와 집중의 힘, 선비의 자세 등이다. 한마디로, 우주의 구조와 인간의 기원에 대한 형이상학적 도설에서 출발하여, 인간의 윤리와 심성, 교육과 마음의 훈련, 그리고 군주의 자세에 대한 형이하학적 방법론 등 형이상학과 형이하학을 총괄하고 있다.[27]

"영원의 중심이 있다. 그 의지 아닌 의지로 우주가 움직이기 시작했다."[28]

우주의 중심을 태극이라 한다. 그 중심은 무극으로서 보이지 않고 시간과 공간을 초월해 있다. "테두리, 즉 형상이 없는 무극無極, 그럼에도 분명한 세계의 중심太極"[29]에서 만상 만물이 모두 탄생했다. 세계의 중심인 태극이 '변화'를 만들어냈다. 그로써 장엄한 세계가 펼쳐졌다.[30]

하지만 우주의 만상 만물에도 우열과 청탁이 있으니, 인간의 성품은 우주적 본성을 빼닮았다. 즉 인간의 본성은 우주 전체의 생명에 닿아 있

고, 인간의 성은 우주적 본성을 분유分有하고 있다.[31]

그럼에도 인간의 욕망과 본성 사이에 간극이 있으니 인간은 끊임없이 수양하여 "인간의 소명"을 잊지 말고 자신에게 본래 설정된 성장의 방향과 목표를 향해 노력해야 한다. 그것은 하늘의 원리에 새겨진 로고스, 즉 인의예지이다.

공부하는 방법에 달리 뾰족한 것은 없으나, 꾸준히 "그 성性을 보살피고養性, 그 정情을 절제約制해 나가야 한다." 우주의 본성性은 고요하며, 따라서 잠재적 에너지의 바다는 본래 고요하다. 하지만 여기에 사물과 대상, 주관과 객관이라는 이분법적 자극이 오면, 바다는 다양한 파도를 만들어낸다.[32]

내 마음이 내 몸을 주관하는 주인이자 모든 행위와 일의 궁극적 책임자이다. 또한 우주의 가장 뛰어난 기氣로 만들어진 심心은 허령지각虛靈知覺의 특성을 갖는다. 텅 비어 고요하나 신령스럽게 알아차리는 통찰력을 가지고 있다.

이러한 마음의 본체를 깨치는 방법으로는 특별한 묘책이 있는 것은 아니나, "주시注視와 집중集中의 힘"이 중요하다. "갈라지지 않고, 흐트러지지 않는 마음의 중심에서야, 내가 현재 처한 위상과 주어진 사태를 거울처럼 투명하게 알 수 있고, 그래야만 판단이 건전해 지고 행동이 적절할 수 있다… 마음을 현재에 '집중專一'하라. 그래야만 마음의 중심敬을 잡을 수 있다."[33]

이처럼 퇴계의 마음 깨치는 방법론은 '경'敬이라는 한 글자로 요약할 수 있다. 그리고 '경'敬 공부의 핵심은 '주일무적'主一無適에 있다고 보았다.

경敬과 주일무적主一無適

퇴계는 평생 "마음이란 무엇이고 어떻게 수양해야 하는가?"라는 철학적 과제에 천착했다. 퇴계는 『심경』을 통해 '심학'의 연원과 심법의 정미함을 깨달았다. 유교의 철학적 체계는 성리학으로 완성되었고, 성리학의 중심에는 『심경』에 있었다.34)

아침에 깨어나면 이 책을 낭랑하게 읊는 것으로 하루를 시작했다. 또한 그는 『심경』을 신명처럼 믿었고 엄부처럼 공경했다.35)

퇴계는 조선 성리학을 깊이 있게 완성시킨 학문의 태두였을 뿐 아니라, 평소 몸과 마음을 절제하고 수양하여 심도 있는 철학의 경지를 보여준 대학자였다. 그리하여 그 공부가 부동심 즉, '흔들리지 않는 부동의 경지'에 이르게 되었다고 평가받는 도학의 완성자였다.

퇴계는 수양의 방법론으로서 경敬과 주일무적主一無適을 강조했다. 경敬을 영어로 표현하면, "마음 챙김과 깨어있음Mindfulness & Awakening"으로 나타낼 수 있는데, "사물에 대하여 조심스러움과 두려움을 가지고 주의하는 것"36)을 뜻한다. 이것은 마음을 집중하고 몰입하는 것을 말하는데, 이러한 마음의 상태는 고요함과 움직임을 동시에 지니고 있다. 즉, 움직이지 않을 때, "심체心體가 허명虛明하고 본령本領이 깊이 순수하게"37) 머물게 되며, 움직일 때에는 "하나에 집중하면서도 모든 이치를 포함하고 모든 일에 유연하게 대응"38)한다.

이것이 주일무적主一無適이다. 그것은 "하나에 집중하면서도 만 가지 일을 당해 낼 수 있는"39) 이치가 된다. 그 이유는 본래 "사람의 마음은 허령하여 측량할 수 없고 만 가지 이치가 본래 그 속에 갖춰져 있기"40) 때문이다. 또한 마음은 "사물에 감응하기 이전에 이미 지각이 어둡지 않기"41) 때문인 것이다.

퇴계의 공부가 얼마나 깊었는지는 다산의 퇴계 평가를 통해서도 잘 알 수 있다.

내가 퇴계를 사숙하고 흠모한 까닭은 다음과 같다. 퇴계가 임금께 올린 진언, 진퇴에 대한 선택, 공정한 인물평, 소인을 멀리한 일, 정신을 한 곳에 쏟아 흐트러지지 않는 수양공부, 겸양하는 태도, 진리추구와 이를 위한 쉼 없는 연구, 저술에 대한 겸손, 정존靜存과 통찰洞察, 심오한 학문, 순수하고 지극한 정성, 바르고 곧고 엄격하고 과단성 있는 점, 마음을 다스리는 수양 공부, 조심해서 몸을 바르게 지니며 이치를 궁구함, 비판정신과 위대한 교육 등이다.[42]

퇴계는 평소 "나에겐 나의 길, 오사吾事가 있다"라고 말했다. "내가 이 번 생에 태어나 오사, 즉 내가 하고 가야할 일"이 있다는 뜻이다. 그 일 은 세속과 벼슬에 얽매이지 않고, 하늘과 마음의 이치 즉 철학을 정립하 여 당시 혼탁해진 사림과 시대의 정신을 바로 잡는 것이었다. 그리하여 청정한 나의 본성이 곧 우주의 본체임을 깨닫게 하는 데 있었다. 또한 이 를 통해 위로는 임금과 아래로는 문무백관들이 그 뜻을 받들어 몸과 마 음을 수양하고 실천해 주길 바라는 마음이었다. 그리고 이를 통해 도덕과 정의를 바르게 정립하여 백성들을 널리 이롭게 하는 정치를 해주었으면 하는 것이 그의 바람이었다. 그것이 그의 천명天命이라고 생각했다.

경敬의 실천방법

퇴계는 『성학십도聖學十圖』의 제10도에 『숙흥야매잠도』를 직접 그려서 선조에게 올려 드렸는데, 이는 아침부터 저녁까지 일상에서 어떻게 '경'

을 실천할 것인지 구체적인 실천방법을 제시했다. '숙흥야매'의 뜻은 아침에 일어나 밤에 잠잔다는 뜻으로, 한마디로 새벽부터 밤까지 늘 깨어 있으라는 경계하는 내용으로 경敬을 중심에 놓고 일하고 공부하라는 내용이다.

새벽에 일찍 일어나 세수하고 의복을 단정하게 갖추고 앉아서 책을 읽어야 하며, 사람들과 묻고 답하면서 자신의 잘못을 고치고, 일이 생기면 처리한 다음 다시 마음을 가라앉혀 학문에 집중한다.

간혹 휴식을 취하며 다시 정신을 맑게 하고, 밤이 되면 몸이 피곤해 기운이 쇠약해지므로 더욱 정신을 가다듬어야 한다. 밤에 잘 때는 아무 생각도 하지 말고 깊이 잠들어 맑은 원기가 다시 몸속에 들어오도록 해야 한다.[43] 이를 다시 일곱 단계로 구분하면 다음과 같다.

1) 첫 번째는 '숙오夙寤'다. 아침에 일찍 깨어난다. 닭이 울어서 잠에서 깨어나면 생각이 차츰 일어나게 되니, 그 사이에 조용히 마음을 정돈해야 한다. 하루의 시작이기 때문이다. 마음을 가만히 정돈하고 지난날의 잘못도 보고, 아니면 앞으로 오늘 할 일을 쭉 한 번 생각하면서 새로 깨달은 것을 모아서 정리하는 시간을 갖는다. 이처럼 마음을 고요히 하는 시간을 갖는다. 이는 새벽 명상을 말하고 있다.

2) 두 번째는 '신흥晨興'이다. 이제 잠자리에서 일어나는 단계다. 근본이 확립되었으면 새벽에 일찍 일어나서 세수하고 머리 빗고 옷을 갖추어 입고 단정하게 앉아 몸을 가다듬는다. 마음을 모으되, 밝게 떠오르는 햇살처럼 해야 한다. 몸을 엄숙하고 가지런하게 정돈하며 마음을 텅 빈 듯하되 밝고 고요하게 해야 한다. 이는 고요하고 단아한 자세와 텅 빈 각성과 허령불매의 마음으로 하루 출발을 말

하고 있다.

3) 세 번째는 '독서讀書'다. 글을 읽는다. 그런데 퇴계 선생은 독서할 때 특별하다. 가령, 책을 읽으면서 성현을 대하니까 어느 순간 내 앞에 공자가 있는 것 같고, 안회와 증자가 앞뒤에 있는 것처럼 책을 읽는 대상들이 앞에서 만나게 되는 체험들을 하게 되었다. 이는 얼마나 몰입하고 정독했는지, 그리고 자신에게 집중하면서 성찰했는지를 알 수 있게 해 주는 대목이다.

4) 네 번째는 '응사應事'이다. 일을 대하는 자세를 말하는 것이다. 밝은 천명은 빛나는 것이니 항상 눈을 거기에 두어야 한다. 일을 하고 나면 마음을 고요하게 하고 정신을 모아 사사로운 생각을 멈추게 해야 한다. 즉, 일을 하면서도 명상을 하라고 말하고 있다. 일을 하다 보면 정신이 없을 수 있다. 멍 때리고 혼침昏沈에 빠질 수 있고, 사사로운 생각이 많아지는 산란散亂에 들 수 있다. 생각이 많아지는 것과 멍하여 졸려운 것은 둘 다 깨어있는 참된 나를 잃어버린 상태이다. 그러니까 다시 정신을 차리고 텅 비어 있되 고요하게 깨어 있어야 한다.

5) 다섯째, '일건日乾'이다. 부지런히 일을 하는 것이다. 글을 읽다가 틈이 나면 간혹 휴식을 하고 또 정신도 가다듬는 이런 노력도 같이 하는 것을 말한다. 이제 저녁이 된다.

6) 여섯째, '석척夕惕'이다. 날이 저물면 사람이 피곤해지게 된다. 그러면 나쁜 기운이 들어오기 쉽다. 그러니까 '더더욱 몸과 마음을 잘 가다듬어 정신을 맑게 이끌어야 한다. 밤이 깊어 잠을 잘 때는 손발을 가지런하게 모아 아무런 생각을 하지 말고 마음과 정신을 잠들게 해야 한다.

7) 일곱째, '겸숙야兼夙夜'이다. 하루 전체를 어떻게 보냈는가를 조용히

돌아보는 단계이다. 밤의 기운으로 몸과 마음을 잘 다스리면 정精이 다시 원元으로 돌아오니, 이것을 잊지 말고 마음에 두어 밤낮으로 부지런히 힘써야 한다. 즉, 하루 종일 늘 깨어있는 삶을 말하고 있다.

낮부터 밤까지, 숙흥야매잠夙興夜寐箴에서 얘기하는 것처럼 하루 종일 일상에서 늘 마음을 가다듬고 바른 행동을 하는 그런 가르침을 성학십도의 마지막 장인 제10도에 담아 선조에게 바친 것이다.

퇴계는 당시의 타락한 교육을 바로잡기 위해 제자 양성에 매진하면서, "내 소원은 착한 사람 많아져서, 천하의 기강을 바로잡는 일이다."라고 교육에 대한 이상을 밝히고 있다.

율곡의 성학집요

율곡의 『성학집요』는 퇴계와는 조금 방향성과 결을 달리하는 측면이 있다.

먼저 율곡은 저술목적을 서문에서 다음과 같이 말하고 있다.

생각건대, 제왕의 학문은 기질을 변화시키는 것이 가장 절실한 일이며, 제왕의 정치는 성의를 다해 현자를 등용하는 것이 가장 급선무입니다. 기질을 변화하는 데에는 자신의 병통을 살펴 처방하는 일이 중요하며, 한편 성의를 다해 현자를 등용하는 데에는 임금과 신하 사이의 거리를 없애는 일이 근본입니다.

우리는 율곡의 『성학집요』 서문에 나타난 저술목적이 바로 두 가지,

하나는 기질을 변화한다는 것이고, 다른 하나는 현자를 등용해야 한다는 것이다. 율곡이 의도했던 당대 현실의 문제는 바로 현실 정치변화에 군주인 선조의 마음을 바로잡고 현실변화에 능동적인 대처를 바랬던 것이다.

율곡이 보기에 선조는 포용력이 다소 떨어지는 군주로 보았다. 신하들의 어떠한 의견이나 그런 것을 듣고 포용하고 좀 더 나아가려는 노력보다는 자신의 성격을 밀어 붙이는 성격으로 보았다. 그래서 율곡은 먼저 기질의 변화, 왕의 기질변화가 모든 일의 핵심임을 말하고 있는 것이다. 두 번째로는 현자를 등용하라는 것을 건의하고 있다. 신하들의 말을 경청하고 그 의견이 합리적일 때에는 받아들여서 왕과 신하가 같이 다스려나가는 협치, 즉 함께 다스리는 이상적인 사회를 추구했던 것이다.

요컨대, 『성학집요』의 저술목적은 수기와 치인으로, 여기서 수기는 기질변화라는 자기변신의 노력, 치인은 현자를 등용해서 이상적인 조선을 이끌어 가고자 하는 율곡의 의도가 담겨있었던 것이다.

성학집요의 전체적인 구도를 살펴보면 다음과 같다.

먼저 율곡은 제1편 총설에서 이 책에『성학집요』의 저술목적이 자기 자신을 올바르게 하는 데 있고, 동시에 사회를 이상적인 사회로 만들어 가는 과정에 있다는 수기치인의 이상향을 제시하고 있다. 그 대표적인 경전의 근거로서 대학과 중용의 사례를 제시한다.

제2편에서 그는 수기의 덕목을 좀 더 세분화해서 논의한다.

1) 입지立志: 자신의 뜻을 견고히 다지자는 것,
2) 수렴收斂: 잘못된 방향의 기질을 교정하는 방법의 수렴을 말하고,
3) 궁리窮理: 이치를 철저히 탐구해서 제대로 방향성을 채워 나가야된다는 것,

4) 교기질教氣質과 양기養氣: 성실하게 그 마음 임하도록 해서 교기질과 양기, 두 가지 측면을 말하는데, 기질은 교정해서 혹은 올바른 기질이라면 키워나가는 양기를 강조한다. 이를 통해서 올바른 마음가짐과 자기를 검속해서 좀 더 올바른 효과를 이어가는 과정이 담은 것이 수기의 단계이다.

이어서 그는 제3편 정가政家와 제4편 위정편爲政編을 제시한다. 제3장 정가政家에서는 가화만사성을 제시한다. 가화만사성家和萬事成. 내 자신이 올바르면 내 주변에 가장 가까운데 부터 바로 잡을 수 있다는 것이 가정윤리의 핵심이다. 효도나 형제간의 우애, 나아가 일상생활에서, 가정에서 지켜야할 예의범절들이 총체적으로 구분되어 제시되고 있다. 이를 좀 더 확장시켜 나가면 위정편이 된다.

제4편 위정편에서는 현자를 등용하고 군주와 신하가 함께 다스릴 수 있는 기강의 확립, 이 모든 것을 포함해서 '군주는 어떻게 해야 되는가' 하는 국가의 질서 확립의 측면에서 다양한 사례들을 제시한다. 그리고 마지막으로 성현의 도통이라는 것으로 끝을 맺는다. 이것은 도통, 성학의 계보들은 끊임없이 이어나가야 되는데 우리 인간의 본성인 성학은 성선설에 지침을 이어받고 그것을 현실화 시킬 수 있는 노력하던 구체적인 실증의 근거가 성현들에 있으니 우리는 그를 모방으로 해서 현실에서 그들을 하나씩 닮아가자는 것이다.

율곡은 이렇게 말한다.

　독서가 폭넓지 못함을 근심하지 말고 이치를 정밀히 살피지 못함을 걱정
하며, 식견이 넓지 못함을 근심하지 말고 실천이 독실하지 못함을 걱정해
야 한다. 정밀精密하게 살피지 못하는 이유는 그 요점을 파악하지 못해서이
고, 독실篤實하게 실천하지 못하는 것은 정성을 다하지 못하기 때문이다. 요
령을 터득하면 그 의미를 알고, 의미를 안 다음에 정성을 다할 수 있다.

　율곡이 말했던 요령을 터득하면 그 의미를 알고 의미를 안 다음에야
실제적인 정성으로 현실화 시킬 수 있다는 것이다.
　율곡의 성학집요는 율곡의 평소 소신과 인간에 대한 이해를 충분히
반영하고 있다. 우리의 인간 마음을 도덕적인 순수함으로 파악하기보다
는 기질적인 측면을 좀 더 현실적으로 바꾸어서 이상적 상태로 이끌려
는 율곡의 의도가 깊게 자리하고 있기 때문이다.
　마음의 중심은 본성인데 그 순수한 본성이 현실에서 정감으로 표출
되었을 때, 그 정감은 선으로 또는 악으로 흐를 수 있는 감정의 중립적
인 상태에 있다. 정상적으로라면 마음이 선으로 표출되었겠지만, 그러지
못한 여러 가지 조건으로 악의 유혹에 타락된다면 충분히 악한 감정으
로 흐를 수 있다. 그래서 율곡은 그 마음이 흐트러지기 이전인 본래의
상태를 강조하기보다는 기질변화를 통해 본연의 순수한 상태를 회복해
야 한다는 이론, 즉 이통기국설理通氣局說을 강조했던 것이다. 바로 이점이
퇴계와 비슷한 듯하면서도 차이가 나는 부분이다.
　퇴계가 본연의 마음, 즉 이理를 강조하고 경敬을 통해 이를 계발하는
것을 중시했다면, 율곡은 이理는 항상 순수하나 사람마다 기질의 편차가
차이가 있는 것이니淸濁粹駁, 기질의 변화를 통해 본연의 상태에 이르도록

해야 하는 점을 중시한 것이다. 플라톤이 이데아IDEA를 강조하여 형이상학의 원리를 중시한데 반해, 그의 제자인 아리스토텔레스는 현실의 정치를 강조하여 형이하학의 질서를 바로잡는데 더욱 치중한 측면과 일맥상통하는 대목이다.

율곡의 격몽요결

성학집요 이외에 율곡의 격몽요결도 주목할 필요가 있다. 조선 후기까지 여러 차례 간행된 격몽요결은 아마도 조선판 십계명처럼 많은 사람들에게 각인되었을 것이기 때문이다.

입지부터 처세술까지 과정이 그러하다. 목표를 분명히 세우자는 입지立志 그리고 잘못된 습관을 혁파하자는 혁구습革舊習, 자신의 몸가짐을 잘하자는 지신持身, 그리고 이론적 기반은 독서讀書, 나아가서 그것을 현실화하는 방면에서 부모 섬김이나 상례, 제례에서 어떻게 할 것인가, 그 다음에 사람들의 관계는 어떻게 할 것인가, 이런 모든 것을 10개의 항목으로 구분해서 제시하고 있기 때문이다.

율곡은 격몽요결 서문에서 다음과 같이 말한다.

사람이 태어나서 학문하지 않는다면 사람이 될 수 없다. 학문이라 하는 것은 일상과는 다른 특별한 일이 아니다. 다만 부모는 자애해야 하고 자녀는 효도해야 하고, 신하는 충성해야 하고, 부부는 구분이 있어야 하고, 형제는 우애해야 하고 젊은이는 공경해야 하고 친구 사이에는 신뢰감이 있도록 하는 것이다. 이 모든 것은 일상의 생활에서 상황에 따라 제각기 마땅함을 얻도록 하는 것이요, 현묘한 곳에 마음 쓰거나 기이한 효과를 기대하는 것이 아니다.

퇴계와 율곡: 성학십도와 성학집요

우리는 여기서 성학십도와 성학집요, 즉 퇴계와 율곡의 차이도 한번 생각해볼 필요가 있다.

퇴계는 자기 마음속에 있는 도덕률을 좀 더 강조한다. 형이상학에 좀 더 집중한 것이다. 12살 때 이미 스승이신 송제공에게 "이理란 무엇입니까?"라는 질문을 던져 그를 당혹게 한 바 있는데, 이러한 이理라는 주제는 일생동안 퇴계 학문의 화두가 되었다. 선험적 질서가 있다고 본 것이다. 이러한 선험적 질서는 우리 눈에 보이지 않기에 때론 무시하는 경우도 많지만, 그 결과에 대한 과보果報는 분명히 받게 된다.

독서를 통해 실력을 갖추고 가정에서는 부모에게 효도하고 직장에 나가서는 상사에게 바른 자세로 대한다. 친구에게는 신의로 대하고 제자에게도 정성을 다한다. 줄이면 인의예지仁義禮智이다. 사람을 사랑하고 인자하게 대하며, 예절과 공손으로 대하되 공평한 마음으로 처리하며 지혜를 갖추도록 노력한다.

이러한 인의예지의 원리는 선천先天에 새겨져 있는 불변의 법칙이다. 이를 플라톤은 이데아의 원리라고 불렀다. 만약 반대로 학업에 게으르고, 가족관계 및 직장에 있어서도 자기 몸이 원하는 대로 혹은 마음가는 대로 이기적으로 행동한다면 거기에 따른 일정한 과보果報는 분명하게 되는 것이다. 자연의 도리에 중력의 법칙이 엄연히 존재하듯이, 사람 사는 도리에도 보이지 않는 이러한 질서와 원리는 분명하게 존재하는 것이다.

반면에 율곡은 현실의 상태를 좀 더 강조한다. 형이하학에서 발생하는 기질의 변화에 좀 더 집중한 것이다. 이理와 성性은 언제나 본연의 상태로서 바르고 순수하나, 이것이 현실에서 기氣와 정情으로 나타날 때 그 기질에는 청탁수박淸濁粹駁이 존재한다. 맑고 탁하며, 순수하고 질박한 상태로 사람마다 다르게 나타난다는 것이다. 따라서 내 자신의 기질을 변화시켜서 현실을 개혁할 충분한 희망과 힘들을 스스로 간직해야 하는 것이다. 퇴계가 '우리는 어떤 인간이 되어야하는가'라는 그러한 인간의 도덕적 원리를 강조했다면, 율곡의 경우는 어떻게 하면 그러한 인간이 되어야하는가 하는 기질의 개혁을 중시했다고도 볼 수 있다.

이상에서 우리는 16세기 조선 성리학을 대표적 두 저서가 퇴계의 성학십도와 그리고 율곡의 성학집요였다는 것을 알 수 있었다. 또한 이것은 두 가지 목적을 모두 함유하고 있었는데, 그 하나는 군주로 하여금 어떻게 하면 바른 마음의 질서를 갖추게 하여 높은 차원의 국정을 펼 수 있게 할 것인가 하는 것이었고, 또 다른 하나는 좀 더 광범위하게 군주를 포함한 국정의 엘리트들이 어떻게 하면 기질의 변화를 통해 바른 마음의 태도, 더 나아가 격물치지의 실력을 배양함으로써 조선시대의 국정을 한 단계 더 높은 차원으로 끌어올릴 수 있는가 하는 것이었다.

이들을 요약하면 다음과 같다. 군주의 마음 자세로서의 경敬, 우주의 원리로서의 무극과 태극, 텅 비어 고요한 선천의 원리에서 후천의 현상이 어떻게 전개되고 있는가? 심층마음에서의 선천 원리는 생각, 감정, 오감으로 표출되는 표층마음에서의 후천 현상으로 어떻게 전개되고 있는가? 이理의 세계로 대표되는 형이상학은 기氣의 세계로 대표되는 형이하학에서 어떻게 구현되며, 이 둘은 어떻게 유기적으로 맞물려 돌아가고 있는가? 이른 새벽부터 밤까지 일상에서 어떻게 하면 고요하고 텅 빈 마음을 갖되 명료하게 깨어있음을 유지하는가?, 어떤 마음과 자세로 독서하고 실력을 배양하며, 사람과 사물, 바깥에 나가 일을 대할 때에는 어떤 태도로 임해야 하는가?, 가정과 사회, 국정에 있어서 윤리란 무엇이며, 국정의 책임자는 어떤 태도로 국정에 임해야 하는가? 가령, 현자를 널리 등용하고, 바르게 운용함에 있어 어떠한 자세와 태도를 갖추어야 하는

가? 이러한 핵심 질문과 요해들이 성학십도와 성학집요에는 자세하게 밝혀져 있었다.

심층마음

좀 더 인문학적으로 들어가면, 퇴계와 율곡은 심층마음을 발견했다. 나, 너, 그로 갈라진 표층 마음에서 그리고 만상 만물로 다양한 모습을 드러낸 현상 세계에서 심층마음속으로 깊이 침잠하여 들어가 생각, 감정, 오감이 발현되기 이전의 세계, 그곳에서 천리天理를 발견했다. 그곳은 상相으로서 모습을 드러내기 이전 세상의 근원의식으로서의 성性 이었다. 조선의 마지막 지성, 면우 곽종석은 다음과 같이 말했다. 심층마음은 근원으로서 "지극히 영묘하고 지극히 선한 것"이며 이를 성性이라고 한다. 이처럼 심층마음은 텅 비어있으되 깨어있는 마음으로서, 허령지각虛靈知覺 혹은 공적영지空寂靈知라고 불렀다.

심층마음은 인식의 근원이며, 존재의 생생한 느낌이다. 그 누구도 내가 지금 이 순간 존재한다는 느낌은 부인할 수 없을 것이다. 표층으로 나와 생각, 감정, 오감으로 존재하는 나가 아니라, 마음의 대상이 없이도 깨어있는 마음, 그 고요하고 텅 빈, 그러나 알아차리고 있는 마음을 심층마음이라고 한다.

우리의 생각과 감정이 일어나기 전 고요한 상태, 텅 빈 상태에서 우리는 심층의식의 참 나를 만난다. 그것은 분별이나 대상을 넘어선 우리의 근원적인 바탕 자리인 것이다. 번개처럼 순간적으로 번쩍이는 인식, 내면에서 항상 지켜보고 있는 밝은 알아차림이란 과연 무엇일까? 그것이 심층마음이다.

퇴계는 근원이 깨어나야 현상이 다스려진다고 말했다. 본질이 깨어나야 에고가 다스려지는 것이다. 원효는 마음은 이미 마음을 안다고 했다. 본래 깨어있는 그 마음, 성자신해性自信解로서의 그 마음, 공적영지空寂靈知로서의 그 마음을 심층마음이라고 한다.

심층마음을 한 단어로 표현하면 밝은 알아차림이다. 마음의 근원은 늘 그 자체로 깨어 있는데 자기 자각성을 가지고 있는 것이다. 본래부터 늘 그 자체로 깨어 있는 본각本覺이며, 자기가 자기를 아는 자기지自己知인 것이다.

얼음이 "차갑다"는 특성이외에도 다양한 특성이 있듯이 마음도 다양한 특성이 있다. 그 중에 가장 중요한 특성은 가장 심층의 근원에서 마음은 밝은 알아차림으로 깨어 있다는 것이다. 둘째로 마음의 심층적 특성은 전체가 하나로 연결되어 있다는 것이다. 셋째 특성은 심층마음은 그 자체가 오염되거나 때 묻지 않는 청정한 순수의식이라는 것이다. 이를 신성 혹은 불성이라고 하는데, 이 마음은 고요하고 텅 비어 평화로우며 밝게 알아차리는 공적영지의 마음이다.

요약하면, 인문학적으로 의식과 마음에는 심층마음과 표층마음이 있으며, 표층마음은 의식의 표면에 나타난 자리로서 생멸하며, 우리의 낮은 상태의 마음과 쉽게 결부된다. 반면, 심층마음은 의식의 심층 혹은 근원에 자리 잡은 마음의 본체로서 영원하며, 인의예지와 같은 우리의 높은 상태의 마음과 연결되어 있다. 옛 어른들은 이를 허령지각虛靈知覺의 마음, 공적영지空寂靈知의 마음이라고 하여 이러한 근원의 심층마음에 있는 밝은 알아차림을 매우 중시했다.

이러한 고전에 대한 탐구는 우리가 사회과학을 연구함에 있어 낮은 차원과 함께 높은 차원의 플랫폼을 분명하게 인식해야 한다는 점을 일깨워준다.

종합정리

✓ 좋은 삶이란 마음의 평정, 공동체, 몰입, 깊은 탐구, 도전과 연관되어 있다. 이는 고대 그리스 철학자들이 이미 오래 전에 몰두했던 주제였는데, 아리스토텔레스는 이처럼 높은 차원의 삶으로 가는 길을 에우다이모니아Eudaimonia라고 불렀으며, 칸트는 자신이 마음 자세를 통해 건강과 행복, 목적 지향적 삶을 실현할 수 있다고 보았다. 이처럼 좋은 삶이란 낮은 차원의 질서로부터 높은 차원의 질서를 지향하는 삶이며, 그 자체로 목적과 의미를 지향하는 삶이라고 할 수 있다.

✓ 개인이 모여 조직이 되고, 또 그들이 모여 사회공동체를 이룬다. 한 국가는 생존, 관계, 성장의 수준에서 각각의 다른 단계를 보여준다. 사회의 성찰성을 통해 인류 보편의 존엄성을 향상시키고, 인간의 열린 의식에 기초한 성숙한 공동체를 완성해 나가야 한다. 도덕성 높은 성찰사회[44]를 구현하기 위해 정책학이 해야 할 일은 무엇일까?

✓ 정책학을 연구하는 일도 낮은 차원의 플랫폼이 있는가 하면, 높은 차원의 플랫폼도 있다. 효율적이고 튼튼한 경제 및 안보 인프라 구축, 절차와 제도로서의 민주주의는 필수적이지만, 더 나아가 어떻게 하면 사회를 보다 높은 차원에서 아름답고 선善한 사회로 실현해 나갈 것인가를 탐색해야 한다. 인간은 감각적 존재를 넘어서 선善 예지叡智, 자신의 영적 활동을 고양高揚시키는 존재이기 때문이다. 즉, 인간의 '혼'은 '몸'과 '영'으로부터 다양한 정보를 받아 성장해 나가는 존재인 것이다.

✓ 이러한 본질적 탐구에 대한 학술적 요구는 비단 최근의 일만도 아니다.

✓ 그리스의 스토아 철학은 인간의 이성을 발현시켜 인간 내면에 갖추어진 로고스Logos와 이데아Idea를 구현해야 한다고 주장했고, 동양 철학은 인간 내면에 갖추어진 품성(인의예지)을 함양하여 성性과 이理를 구현해야 한다고 말했다. 한편 칸트는 인간의 선善 의지와 실천 이성을 발현시켜 도덕 가치가 보편타당하게 입법立法되는 사회를 실현해야 한다고 보았고, 하버마스는 미완의 기획Unfinished Project을 완성시킴으로써 사회적 비전과 꿈Social Vision & Dream을 실현해야 한다고 했다.

✓ 우리 사회의 통제력을 북돋을 방법은 없을까? 개개인의 조절이 사회로 확산되어, 온 사회가 전반적으로 폭력을 절제하고 성찰이 증진되도록 바뀔 수 없을까?[45] 스티븐 핑커가 그의 저서, 『우리 본성의 착한 천사』에서 말했듯이,[46] 사랑이나 감정이 입만으론 부족하다. 우리의 궁극적인 목표는 정책과 규범이다.[47] 이에 다음 장에서는 정책과 규범의 새로운 차원을 논의하고자 한다.

성찰(省察)	• 정책학의 정책 품격과 철학 근거를 살펴보았다. 정책학을 효율성과 민주성에서 더 나아가 '인간의 완성'에 길을 탐색해야 한다는 점을 밝혔다.
인간의 지향성	• '인간의 지향점'은 정책학의 핵심이며, 정부학의 근본 명제다. • 그것은 효율과 민주만으론 부족한 제3의 이성을 필요로 한다. • 제3의 이성이란 공리와 자유를 넘어선 그 무엇인데, 여기서는 그것을 성찰성(省察性)이라고 불렀다. ♦ '인간의 지향점'이란 사회 구성원 개인들의 자아실현과 자아완성을 실현하는 길이며 사회가 진선미를 완성하는 방향으로' Social Vision & Dream'을 추구하는 길이다.
높은 차원(次元)	♦ 정책학을 연구하는 일도 낮은 차원의 플랫폼이 있는 가 하면 높은 차원의 플랫폼도 있다. ♦ 효율적이고 든든한 경제 및 안보 인프라 구축, 절차와 제도로서의 민주주의는 필수적이지만 더 나아가 어떻게 하면 사회를 보다 높은 차원에서 아름답고 선(善)한 사회로 실현에 나갈 것인가를 탐색해야 한다.
선 예지(叡智)	♦ 인간은 감각적 존재를 넘어서 선(善) 예지(叡智), 자신의 영적 활동을 고양(高揚)시키는 존재이기 때문이다. ♦ 인간은 '혼'은 '몸'과 '명'으로부터 다양한 정보를 받아 성장해 나가는 존재이다. ♦ 이러한 본질적 탐구에 대한 학술적 요구는 비단 최근의 일만은 아니다. • 스토아 철학: 인간의 이성을 발현시켜 인간 내면에 갖추어진 로고스(Logos)와 이데아(idea)를 구현해야 한다. • 동양 철학: 인간 내면에 갖추어진 품성(인의예지)을 함양하여 성(性)과 리(理)를 구현해야 한다. • 칸트: 인간의 선(善) 의지와 실천 이성을 발현시켜 도덕 가치가 보면 타당하게 입법(立法) 되는 사회를 실현해야 한다. • 하버마스: Untinished Project를 완성시킴으로써 Social Vision & Dream을 실현해야 한다.

제6장

정책학의 새로운 패러다임

정책학의 인문주의적 가치를
발전시키기 위한 차원과 모형

DEEP THEORY OF POLICY SCIENCE

6 정책학의 새로운 패러다임

정책학의 인문주의적 가치를 발전시키기 위한
차원과 모형

깊은 차원

인간의 내면의 가장 깊은 근저에는 텅 빈 각성이 있다. 텅 비어 고요
하면서도 깨어있고 알아차리는 그 무엇이 있는 것이다. 조선의 대학자,
퇴계는 이 자리를 허령지각虛靈知覺이라고 불렀다. 텅 비어 있는 이 태극의
자리에는 만상 만물을 잉태하는 근본원리가 들어있는데, 그것을 사단四端
이라고 보았다. 봄에 만물을 소생시키는 목木기운으로서의 인仁, 여름에
만물을 번성케 하는 화火기운으로서의 예禮, 가을에 만물을 추상처럼 심
판하는 금金기운으로서의 의義, 겨울에 만물을 다시 움츠려 다음 봄을 기
약하는 수水기운으로서의 지智가 돌아가고 있으며, 이들을 잠시도 쉬지
않고 근본원리에 따라 운행하게 만드는 토土기운으로서의 신信이 그 중심
에 작용하고 있다는 것이다.

인간도 이러한 우주의 원리를 따라 불쌍한 사람을 보면 도와주려는

마음인 측은지심惻隱之心으로서의 인仁, 다른 사람에게 겸양과 예의를 갖춰 조화롭게 대하는 마음인 사양지심辭讓之心으로서의 예禮, 만사를 이치에 맞게 합당하게 처리하는 공정과 정의의 마음인 수오지심羞惡之心으로서의 의義, 만사를 이치에 맞게 판단하고 분별하는 지혜와 이성의 마음인 시비지심是非之心으로서의 지智를 갖추어야 하며, 이들을 잠시도 쉬지 않고 근본원리인 인의예지를 잊지 않고 노력하게 만드는 성실지심誠實之心으로서의 신信을 갖추어야 한다고 보았다. 원래 내면에 존재하는 것이지만 인간의 기질과 감정이 이를 흐리게 하므로 언제나 기질과 감정을 다스려 맑게 하고 반성하고 성찰하면서 낮은 차원의 감정 상태에서 높은 차원의 감정 상태로 승화시켜야 한다는 것이다.

세상을 다스리는 군주君主와 정부朝廷 역시도 이러한 근본원리를 한시도 잊지 말고 성군聖君으로서의 마음을 수양하여 성학聖學의 도道를 실천하고 백성을 사랑하고 백성의 삶을 승격시킬 수 있도록 군주의 길王道을 걸어야 한다고 보았으며, 백성 역시도 자신의 삶에서 백성으로서의 해야 할 도리道理와 본분本分을 다해나가야 한다고 보았다.

인간의 존엄을 연구하는 정책학은 어떤 학문을 구현해야 할 것인가? 어떤 이념과 방법을 통해 우리 사회를 보다 높은 차원에서 아름답고 선善한 사회를 만들어 나갈 것인가?

정책학의 새로운 패러다임

정책학 패러다임은 새로운 인식과 차원을 필요로 한다. 그것은 일상적Routine 방법론에 매몰되기에 앞서 높은 차원의 사회 질서에 관한 명료한 비전과 인식이 필요하다. 국정의 최고지도자에서 정부의 정책 행위자에 이르기까지 명료한 인식과 시각 전환이 필요하다. 그것이 왜 우리가 여기서 성찰성 차원을 논하는가에 대한 근본적 이유가 될 것이다.

정부의 제도와 절차, 정책은 새로운 차원에서 조망될 수 있어야 하며, 정책 행위자들 간의 상호작용적 역할과 인식, 그 관계성은 새로운 시각에서 분석되고 성찰되어야 한다.

우리는 과연 우리 내면에서 흘러나오는 차원 높은 의식인 풍요롭고 충만하며 아름다운 창조의식을 회복할 수 있을까? 그 황홀감과 환희로 가득 찬 고양된 의식을 회복하고, 그리하여 우리 사회를 한 차원 높은 의식이 구현되는 질서로 만들어 나갈 수 있을까?

우리가 진실과 선善과 아름다움으로 충만한 높은 차원의 질서를 구현하고자 할 때 현실의 학문으로서의 정책학은 무엇을 준비해야 하는 것일까?

인간 내면의 질서에는 낮은 차원과 함께 높은 차원의 플랫폼이 있다. 또한, 정책학에도 낮은 차원과 높은 차원의 플랫폼이 있다. 물질과 제도적 차원의 자유, 공리에 만족하지 않는 제3의 이성이 필요하다C. Anderson, 1993: 215-227. 단순한 도구적 효율성이나 절차적 민주성을 넘어선 실천이성을 구현해야 한다. 그러기 위해서는 인간의 존재 자체를 목적과 주체로 볼 수 있는 안목부터 키워야 한다.

우리 내면에는 놀라운 힘과 창조적 질서가 존재하고 있음을 먼저 깨달아야 하며, 그 차원 높은 힘과 질서는 우리 사회에 구현될 수 있음이 명확해져야 한다. 현실적인 방법론은 그 다음의 문제이다.

정책학의 새로운 차원

그렇다면 정책학의 새로운 차원이란 무엇일까?

정책학의 기본 이념은 효율성과 민주성이다. 과학적 정책수단의 개발은 효율성과 닿아있고, 민주주의 정책학을 구현하는 것은 민주성과 맥을 같이한다. 정부와 관료들은 정책을 지나치게 도구적 수단 내지는 효율성 관점에서 접근한다. 하지만 정책학의 본질은 인간의 존엄성 추구에 있으며, 이를 위해 정책은 인간의 행복과 자아실현의 합목적적 수단이 되어야 한다. 철학 혹은 인문학과의 융합을 통해 더 높은 차원을 열어가야 하며, 이는 효율성과 민주성을 넘어선 새로운 이념이 필요한 이유이다.

우리는 인간이 단순한 육체와 본능의 존재가 아님을 알고 있다. 인간 내면에는 놀라운 창조의식이 있으며, 그것은 존재와 생명으로부터 흘러나오는 창조적 힘이다. 이러한 창조적 힘은 인간의 개체적 자아를 극복할 수 있을 때 비로소 부여되며, 인간의 의식이 한 차원 더 높은 의식으로 고양될 때 자연으로부터 부여되는 일종의 은총恩寵과도 같은 것이다.

정책학의 실천이성은 인간을 언제나 수단이 아닌 목적으로 대우해야 하며, 인간을 도덕적 존재, 주체적 존재로 간주할 것을 요구하고 있다. 칸트의 선善 의지와 실천이성도 바로 이 점을 강조하고 있다. 괴테가 말한 긍정과 행복에 기초한 향상심向上心이 필요하며, 여기에 공동체의 중요성이 존재한다.

정리하면, 정책학의 새로운 차원은 기존의 효율성과 민주성을 넘어 성찰성 이념으로 고양되어야 하며, 이러한 철학을 뒷받침할 수 있는 방법론이 필요하다. 그것은 단순한 경제적 효율로서의 공리, 정치적 민주로서의 자유를 넘어 인간을 목적과 주체로 보며 인간의 존엄성을 실현

• 그림 6-1 정책학의 새로운 차원

효율성
정책학

실천이성

성찰적
정책학

효율성(정책학)
• 관료들이 정책을 지나치게
효율성만으로 접근

실천이성(철학)
• 인간을 언제나 수단이 아닌 목적으로 대우
• 도덕적 존재, 주체적 존재
• 칸트의 善 의지와 실천이성
• 정책학은 이러한 국가시스템을 마련
하려는 노력이 필요(대학: 明明德, 新民,
止於至善)

성찰성(정책학)
• 높은 차원의 플랫폼, 낮은 차원의 플랫폼
• 자유, 공리를 넘어선 제3의 이성
(C. Anderson, 1993: 215-227)
• 행정으로서의 효율성과 절차로서의
민주성을 넘어선 새로운 이념이 필요
• 인간의 존재 자체를 목적으로 보며,
다양한 이해관계자간 수요, 공급, 환경
多面的, 多層的, 多次元 분석 필요

하는 실천 이성이어야 한다. 그리고 이를 구현하기 위한 성찰적 방법론
은 정책의 다양한 체제 속에 존재하는 정책 이해관계자들 간의 수요, 공
급, 환경을 상호작용적으로 다양한 관점에서 분석(다면적多面的, 다층적多層的,
다차원적多次元的 관점에서의 분석)하는 방법론이어야 한다.

전통적 모형과 새로운 모형

그렇다면, 정책학의 전통적 모형과 새로운 모형은 어떤 차이가 있을까?
앞에서 우리는 라스웰H. Lasswell이 제창한 전통적 모형을 고찰하면서
과학적 정책수단의 개발이라는 효율성을 근간으로 하되 민주성을 강조
하는 민주주의 정책학이라고 언급한 바 있다. 또한 인간의 존엄과 인간
가치의 고양이라는 이념은 매우 의의를 지니고 있었으나 현대에 들어와
실증주의 혹은 공리주의가 강조되면서 종종 하나의 수사적 표현으로 경
시되거나 무시되는 경향이 있다는 점도 지적한 바 있다.

또한, 앞에서 언급한대로, 정책학의 전통적 이념은 효율성과 민주성이다. 과학적 정책수단의 개발은 효율성과 닿아있고, 민주주의 정책학을 구현하는 것은 민주성과 궤를 같이한다. 정부와 관료들은 정책을 지나치게 도구적 수단 내지는 효율성 관점에서 접근하며, 현대의 공리주의 전통은 종종 인간의 존엄이라는 가치를 대놓고 경시하는 경향이 있다. 하지만 정책학의 본질은 인간의 존엄성 추구에 있으며, 이를 위해 정책학은 철학 혹은 인문학과의 융합을 통해 보다 높은 차원의 플랫폼을 열어나가야 한다. 이것이 좀 더 공식적으로 효율성과 민주성을 넘어선 새로운 이념이 필요한 이유이다.

그렇다면 우리에게 필요한 것은 이러한 철학적 가치를 좀 더 공식적인 정책이념으로 정립하고 철학적 근거를 찾는 한편 방법론으로 구현하려는 노력이다. 정책학 이론의 곳곳에서 인문주의적 전통과 요소들을 발굴하여 종합 정리하는 한편, 이를 성찰성이라는 정책이념으로 정립하고 다차원 분석을 통해 이를 현실적으로 구현하려는 노력이 필요하다. 이것이야말로 정책학의 낮은 차원의 플랫폼에서 높은 차원의 플랫폼을 지향하려는 학술적 노력이라고 부를 수 있을 것이다.

• 그림 6-2-1 정책학의 전통적 모형

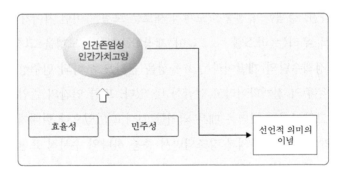

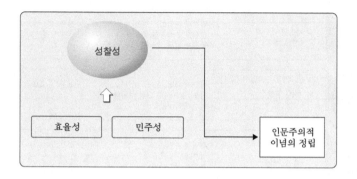

● 그림 6-2-2 정책학의 새로운 모형

다차원적 구조

비유하자면 이렇다. 1인칭은 나(정부)를 의미하며 여기서 정책의 주체 및 집행자로서 공급분석이 이루어진다. 이것은 효율성 차원이다. 정부 내부의 효율성과 관리의 경영적 측면이 강조되며 효율적 국정관리라고 부를 수 있다.

2인칭은 너(국민) 혹은 나와 너(정부와 국민) 간의 민주적 관계와 절차를 의미하며 수요분석을 필요로 한다. 이것은 민주성 차원이다. 정부의 내부와 외부 간 대화와 소통이 강조되는 등 민주적 국정관리를 의미한다.

3인칭은 복수의 대명사로서 우리(공동체)를 말한다. 자유과 공동체의 성찰 및 철학의 지향점을 필요로 하며, 이는 상호작용적 거버넌스 혹은 환경 분석을 필요로 한다. 이는 성찰성 차원이다. 인간의 존엄성, 신뢰받고 성숙한 공동체와 같은 공동체 전체 차원의 공감과 성찰을 분석한다.

이처럼 효율이 1인칭적인 효율성 강화, 민주가 나와 너의 관계적 의미

● 그림 6-3 정책학의 다차원 구조

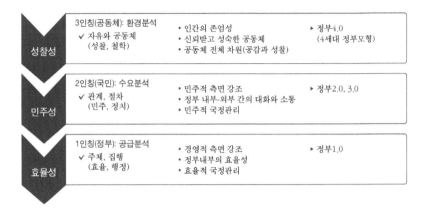

성찰성	3인칭(공동체): 환경분석 ✔ 자유와 공동체 (성찰, 철학)	• 인간의 존엄성 • 신뢰받고 성숙한 공동체 • 공동체 전체 차원(공감과 성찰)	▸ 정부4.0 (4세대 정부모형)
민주성	2인칭(국민): 수요분석 ✔ 관계, 절차 (민주, 정치)	• 민주적 측면 강조 • 정부 내부-외부 간의 대화와 소통 • 민주적 국정관리	▸ 정부2.0, 3.0
효율성	1인칭(정부): 공급분석 ✔ 주체, 집행 (효율, 행정)	• 경영적 측면 강조 • 정부내부의 효율성 • 효율적 국정관리	▸ 정부1.0

를 지닌다면, 성찰은 3인칭으로 거듭나는 자유와 공동체를 성숙시킨다는 의미를 지니고 있다. 나와 너, 지금 세대와 다음 세대, 즉 시간과 공간적 사유를 성찰하는 제3의 이성이 필요하며, 그리하여 개인적으로는 인간의 존엄을 실현하고, 집단적으로는 진정한 열린 공동체의 성장을 실현하는 성찰성이 필요하다고 볼 수 있겠다.

● 그림 6-4 정책학의 다차원 분석

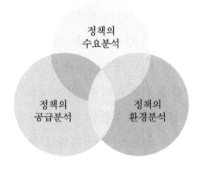

논리적 정당성

우리는 인간이 단순한 육체와 본능의 존재가 아님을 알고 있다. 인간 내면에는 놀라운 창조의식이 있으며, 그것은 존재와 신성으로부터 흘러나오는 창조적 힘과 역동성이다. 우리 정책학의 실천이성도 마침 인간을 언제나 수단이 아닌 목적으로 대우해야 하며, 인간을 도덕적 존재, 주체적 존재로 간주해야 한다고 주장하고 있다.

이처럼 정책학에도 낮은 차원과 높은 차원의 분석이 존재한다. 우리의 분석이 물질과 제도에만 매달려 효율에만 집착하고 있을 때 우리 사회는 진정한 창조와 행복을 구현할 수 없다. 물질과 효율을 넘어 보다 높은 차원의 가치, 즉 민주와 성찰을 분석할 수 있을 때 우리 사회의 목적과 방향성을 제대로 구현할 수 있다. 이것은 정부 내부의 효율성 분석, 정부 내부-외부 간 민주성 분석과 함께 공동체 전체의 방향성을 위한 성찰성 분석을 의미한다.

정책학의 새로운 차원은 기존의 효율성과 민주성을 넘어 성찰성 이념으로 고양되어야 하며, 이러한 철학을 뒷받침할 수 있는 방법론이 필요하다. 그것은 단순한 경제적 효율로서의 공리, 정치적 민주로서의 자유를 넘어 인간을 목적과 주체로 보며 인간의 존엄성을 실현하는 제3의 이성이어야 한다. 인간의 존재 자체를 목적으로 보는 관점에서 다양한 이해관계자간 수요-공급-환경의 다면적-다층적-다차원 분석을 시행할 필요가 있는 것이다. 이것은 정부의 공급자 분석, 정책대상자에 대한 수요자 분석과 함께 공급과 수요의 상호작용적 거버넌스에 대한 다차원적 분석을 의미하며, 이는 인간이 존엄성 고양과 성숙한 공동체 의식을 만들어 나가는 데 있어 필수적이다. 그리고 이러한 분석을 통해 정책학은 낮은 차원의 플랫폼에서 아름답고 선(善)한 사회를 실현하려는 높은 차원의 플랫폼으로 고양될 수 있다.

● 그림 6-5   정책학의 다차원 분석

- 정책학에는 낮은 차원에서의 분석과 높은 차원에서의 분석이 존재한다.
- 정부 내부의 효율성 분석, 내부-외부간 민주성 분석과 함께 공동체 전체의 방향성을 위한 성찰성 분석이 모두 필요하다.
- 그것은 정부의 공급자 분석, 정책대상자에 대한 수요자 분석과 함께 공급과 수요의 상호작용적 거버넌스에 대한 다차원적 분석을 의미하며, 이는 인간이 존엄성 고양과 성숙한 공동체 의식을 만들어 나가는데 있어 필수적이다.
- 인간의 존재자체를 목적으로 보는 관점에서 다양한 이해관계자간 수요-공급-환경의 다면적-다층적-다차원 분석을 시행하는 것이다.
- 이러한 분석을 통해 정책학은 낮은 차원의 플랫폼에서 아름답고 선(善)한 사회를 실현하라는 높은 차원의 플랫폼으로 고양될 수 있다.

정책모형

성찰적 정책모형이란 단순히 비용 – 편익 및 비용 – 효과성에 맞춘 기존의 양적 측면의 정책분석의 한계를 극복하고 보완하기 위해 나타난 새로운 정책분석모형이다.[48] 다시 말해서 양적 측면의 정책분석 요소 외에 질적 측면의 정책분석 요소 중 최상위가치 분석기준인 성찰성을 고려하여 정책 내용에 인간의 존엄성을 실현하고 보다 존중하는 방향으로 이끌기 위해 제시된 정책모형이다.

성찰성은 라스웰H. Lasswell이 주장한 '민주주의 정책학'에 대한 이해에서부터 출발한다. 라스웰H. Lasswell의 민주주의 정책학이란 인간의 존엄성의 실현을 토대로 인간 사회를 더 나은 방향으로 진보시키는 것으로 요약된다. 즉, 가장 중요한 부분이 인간의 존엄성 실현이라고 할 수 있는데, 이때 인간의 존엄성은 '인류공동체적인 휴머니즘에 기초한 인류의 보편적 존엄성'이라고 보아야 한다권기헌, 2012: 154.

성찰성은 최상위가치에 대한 분석이념이다. 따라서 성찰성은 특정 정책이 인간의 존엄성 실현에 기여하는 정도에 대한 판단과 우리 사회가 좀 더 신뢰받고 성숙한 공동체를 구현하는 데 기여하는 정도에 대한 판단을 중시한다.

분석기준

성찰적 정책모형은 정책분석의 세 가지 기준인 성찰성, 민주성, 그리고 효율성 중에서 성찰성에 초점을 맞춘 정책모형이다. 그 구체적 분석 내용은 1) 정책의 수요분석: 정책대상집단의 수요에 기반한need-based 정책설계policy design인가?, 2) 정책의 공급분석: 정책공급(정책동기)의 공익성과 정책의 수혜로부터 소외된 집단에 대한 '소통'과 '배려'가 있는가?, 3) 정책의 환경분석: 정책대상집단의 자각적 시민의식의 성숙과 민주적 정책네트워크의 참여를 통한 공급자와 수요자의 상호작용적 거버넌스가 구현되고 있는가로 요약할 수 있다문상호·권기헌, 2009: 13-16. 위 내용을 보기 쉽게 표로 나타내면 다음과 같다.

• 그림 6-6 새로운 정책모형의 분석기준

성찰성 분석 기준	인간의 존엄성 실현	<제1조건> 정책대상집단의 수요에 기반한 정책설계(정책수요)
		<제2조건> 정책동기의 공익성과 소외집단에 대한 소통과 배려(정책공급)
	신뢰받고 성숙한 공동체	<제3조건> 정책대상집단의 자각적 시민의식의 성숙과 민주적 정책네트워크 참여를 통한 공급자와 수요자의 상호작용적 거버넌스의 구현(정책환경)

(1) ⟨제1조건⟩ 정책대상집단의 수요에 기반한 정책설계인가? (정책 수요)

첫째, 정책대상집단의 수요에 기반한 정책설계인가에 대한 내용은 정책수요에 기반한 정책설계는 성찰적 정책이 갖추어야 할 요건 중 수요 측면에서 요구되는 조건이다성찰적 조건의 제1조건. 즉, 정책분석에 있어 성찰성 기준은 먼저 정책의 수요 측면에서 해당 정책이 진정으로 정책대상집단의 필요에 부응하는가라는 물음을 제기할 것을 요구한다. 정책대상집단 전체가 진정으로 해당 정책을 필요로 하고 있는지 혹은 정책대상집단 중 일부만 필요로 하고 다른 일부는 미온적인지, 혹은 이에 더 나아가 반대의 입장을 지니고 있는지에 대한 정책수요조사가 필요하다. 여기서 정책대상집단은 국민의 전체가 될 수도 있고, 국민이나 시민이 일부 혹은 기능적으로 연계된 대상집단일 수도 있다. 만일 일부주장집단과 이탈집단가 반대하는 정책이라면 반대의 근거는 무엇인지, 그리고 객관적으로 그러한 반대의 근거가 얼마나 타당하고 조정 가능한지 면밀히 살필 필요가 있다.

(2) 〈제2조건〉 정책공급(정책동기)의 공익성과 소외집단에 대한 '소통'과 '배려'가 있었는가?(정책공급)

둘째, 성찰적 정책이 갖추어야 할 다음의 요건은 정책의 공급 측면에서 요구된다성찰적 정책의 제2조건. 정책동기의 공익성과 소외집단에 대한 '소통'과 '배려'가 있었는가를 분석하는 단계는 수요가 아닌 '공급'에 초점이 맞춰진 단계이다. 정책의 공급자가 자신의 이익을 위해 정책을 공급하는 것인지, 아니면 진정으로 정책대상집단의 요구를 받들어 그들의 후생을 증진시키려는 목적으로 정책을 공급하는 것인지를 가려내는 단계라고 할 수 있다. 정책 공급자의 이익이란 정치적 목적일 수도 있고, 관련 부처의 조직 이기주의에 해당하는 것일 수도 있다. 다시 말해, 실현된 정책의 결과와 정책 공급자의 목적 사이의 연관성을 분석해 내는 것을 말한다. 그리고 여기에 '성찰성'의 개념이 들어오게 되면 정책 공급자에게 '공공의 형평적 유익을 구하는 사회적 조정자'로서의 역할을 할 것을 요구한다. 정책이 시행되면 필연적으로 그 정책의 수혜를 입는 집단과 그렇지 못한 집단이 나뉘게 되는데, 이때 정책의 실현에 따른 비용을 떠안게 되는 비용부담집단과의 '소통'이 정책과정 중에 있었는지, 그리고 그들에 대한 따뜻한 '배려'가 있었는지를 이 단계에서 확인하고 평가하는 것이다.

(3) 〈제3조건〉 정책대상집단이 성찰적 정책을 수용할 의지가 있는
가? 그리고 고양된 인간의 존엄성과 성숙한 공동체의식을 지니
는가? 자각적 시민의식의 성숙과 민주적 정책네트워크 참여를
통한 공급자와 수요자의 상호작용적 거버넌스의 구현은 이루어
지고 있는가?(정책환경)

셋째, 정책대상집단이 성찰적 정책을 수용할 의지가 있는지 고양된
인간의 존엄성과 성숙한 공동체의식을 지니는지를 묻는다성찰적 정책의 제3조
건. 즉, 신뢰받고 성숙한 공동체 실현의 조건으로서의 정책대상집단의 자
각적 시민의식과 민주적 정책네트워크 참여 단계는 정책과정의 합리성
이 정책수용자의 입장에서 충분히 납득할 만한지 그리고 정책대상집단
이 성찰적 정책을 수용할 의지가 있는지와 그들이 '인간의 존엄성'과 '성
숙한 공동체의식'을 지니는지에 대해 공급자와 수요자 雙方의 상호작용
적 관계를 묻는 단계이다.

이를 요약해 보자면, 먼저 정책이 앞의 두 조건을 만족한다고 하여도
정책대상집단 중에 무조건적인 반대를 하는 집단이 존재하면 아무리 성
찰성이 뒷받침된 정책이라 하여도 성공하기 힘들 수 있을 것이다. 이러
한 반대집단은 '자각적 시민의식'이 결여된 상태이며 정책 성공을 방해
하는 큰 요인으로 작용하게 된다. 그리고 정책대상집단이 거버넌스에 책
임감 있게 참여하는 정부의 파트너로서의 의식을 가지고 있는지도 확인
해 보아야 한다. 이것은 한편, 보다 중요하게 정부가 정책대상집단을 배
제한 채 독단적으로 정책운영을 하지 않는지에 대한 정부의 진정성과
타당성 확인을 의미하는 것이기도 하다. 또한 현대의 시대정신인 '거버
넌스'의 이상은 자각된 시민의식으로부터 나오는 신뢰와 참여를 기초로
하는 사회자본의 토대 위에서 실현 가능할 것인데, 성찰적 정책모형의

마지막 단계는 이러한 상호작용적 '거버넌스'의 실현에 일조한다고 할 수 있다.

종합정리

✓ 정책학의 기본 이념은 효율성과 민주성이다. 과학적 정책수단의 개발은 효율성과 닿아있고, 민주주의 정책학을 구현하는 것은 민주성과 맥을 같이한다. 정부와 관료들은 정책을 지나치게 도구적 수단 내지는 효율성 관점에서 접근한다. 하지만 정책학의 본질은 인간의 존엄성 추구에 있으며, 이를 위해 정책은 인간의 행복과 자아실현의 합목적적 수단이 되어야 한다.

✓ 정책학에는 낮은 차원과 높은 차원의 플랫폼이 있다. 단순한 법질서의 유지, 경제의 만족이라는 물질적 감각은 더 높은 차원의 진리眞理와 선善을 향해 나아갈 때 의미가 있다. 정부가 높은 차원의 철학을 지닐 때 사회는 보다 아름답고 선善한 질서를 구현할 수 있는 것이다.

✓ 성찰성은 라스웰H. Lasswell이 주장한 '민주주의 정책학'에 대한 이해에서부터 출발한다. 라스웰H. Lasswell의 민주주의 정책학이란 인간의 존엄성의 실현을 토대로 인간 사회를 더 나은 방향으로 진보시키는 것이었다. 제도와 절차에 중심을 두는 것이 아니라 성찰성은 최상위가치에 대한 분석이념이다. 따라서 성찰성 분석기준은 특정 정책이 인간의 존엄성 실현에 기여하는 정도에 대한 판단과 우리 사회를 좀 더 신뢰받고 성숙된 공동체로 구현하는 데 기여하는 정도에 대한 판단을 중시한다. 그 구체적 분석내용은 1) 정책의 수요분석: 정책대상집단의 수요에 기반한need-based 정책설계policy design인가?, 2) 정책의 공급분석: 정책공급(정책동기)의 공익성과 정책의 수혜로부터 소외된 집단에 대한 '소통'과 '배려'가 있는가?, 3) 정책의 환경분석: 정책대상집단의 자각적 시민의식의 성숙과 민주적 정책네트워크의 참여를 통한 공급자와 수요자의 상호작용적 거버넌스가 구현되고 있는가로 요약된다.

✓ 종합 정리하면, 성찰적 정책모형은 단순히 비용-편익 및 비용-효과성에 맞춘 기존의 양적 측면의 정책분석의 한계를 극복하기 위해 질적 측면의 정책분석 요소 중 최상위가치 분석기준인 성찰성을 분석함으로써 인간의 존엄성을 실현하고 보다 존중하는 방향으로 이끌기 위해 제시된 정책모형이다. 정책학의 환경은 가변성, 모호성, 불확실성과 복잡성을 향해 나아가고 있다. 복잡한 환경에서 정책행위자들 간의 관계와 상호작용에 대한 성찰적 대응이 그 어느 때보다도 중요해지고 있기에 정책의 더 높은 차원을 분석하기 위한 다양한 논의가 필요할 것으로 사료된다.

제7장

정책학의 품격과 차원

정책학의 인문주의적 가치를 발전시키기 위한
품격과 높은 차원의 삶

DEEP THEORY OF POLICY SCIENCE

7 정책학의 품격과 차원

정책학의 인문주의적 가치를 발전시키기 위한
품격과 높은 차원의 삶

시대정신

　현대사회는 세계화, 혁신, 리더십의 도전이라는 키워드에 직면하고 있
다. 코로나–19가 팬데믹으로 지난 3년간 지구촌을 강타하면서 VUCA
로 대변되는 변동성Volatility, 불확실성Uncertainty, 복잡성Complexity, 모호성
Ambiguity의 시대에 진입했다. 한편 AI, 5G, IoT, Robot 등 4차 산업혁명의
기술혁신은 이러한 변동성을 증폭시키고 있다. 시간, 속도, 불확실성을
특징으로 하는 디지털 문명 속에서 생각의 속도와 혁신의 방향이 그 어
느 때 보다도 중요해진 시대에 살고 있는 우리는 새로운 패러다임의 변
동을 목격하고 있다.

　이러한 급변하는 시대 변화는 행정학과 정책학에 있어서도 기존의 효
율성, 민주성 이념만으로 대처하기 어렵다는 점을 시사하고 있다. 급속
도로 변화하는 환경에 대한 성찰이 무엇보다 중요해지고 있으며, 첨단기

● 그림 7-1 정책학의 시대정신: 세계화, 혁신, 리더십의 도전

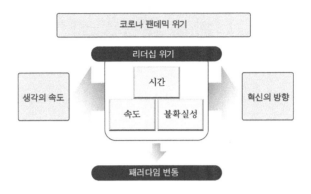

술의 변화 속에서 오히려 인간의 정신을 그 중심에 세워야 하는 역설과
위기의 시대에 살고 있는 것이다.

정책의 품격

정책에도 품격이 있을까? 정책의 품品: Nature은 높은 단계의 플랫폼이
며, 정책의 질質: Technics은 낮은 단계의 플랫폼이다.

정책의 품品: Nature에 해당하는 질문들은 어떤 것들이 있을까?[49]

(1) 사회의 좀 더 높은 차원과 수준의 가치를 보호하고, 고양하고, 신
    장하는 정책인가?
(2) 현대의 흐름과 역사적 대세에 부합하는 정책인가? 인류역사의 보
    편적 경험을 존중하고 있는가?

(3) 국민 개개인이 시대의 변화와 요구, 새로운 상황과 문제에 빠르고 효과적으로 적응하기 위해 각자가 적절한 대응책을 모색해 갈 수 있도록 학습과 혁신을 자극하고, 고무하며, 조장하는 정책인가?

(4) 공개적으로 표명된 정책목표와 실제목표가 일치하는가? 정치적 목적을 은폐하고 있지 않은가? 정책이 미치게 될 계층 간, 지역 간, 집단 간 분배효과를 투명하게 다루고 있는가?

(5) 정책의 실패나 오차, 혹은 의도하지 않은 결과unintended consequences 의 발생을 예견하고 있는가? 그에 대한 대비책을 마련하고 있는가? 예기치 못한 상황의 변화에 대응할 수 있을 정도의 여유와 신축성이 있는가?

(6) 사회문제 해결을 위한 부담의 분담과 책임의 귀속 면에서 정당성이 있는가? 민간에게 무리한 부담과 책임을 부과하고 있지 않은가? 행정책임을 모면하기에 급급하지 않은가?

한편, 정책의 질質: Technics에 해당하는 질문들은 어떤 것들이 있을까?

(1) 정책문제가 정확하게 포착되었는가?

(2) 정책목표가 이론적 혹은 현실적으로 타당성이 있는가? 그런 정책목표의 달성은 정부의 개입이나 규제가 없으면 실현되기 어려운가? 시장실패 요인의 존재 여부 등 정부개입의 정당성을 명확하게 확인하고 있는가?

(3) 정책이 추구하는 정책목표의 달성에 효과성이 있는가?

(4) 정책목표의 달성을 위해 가능한 모든 대안이 총체적으로 검토되고 그 가운데서 가장 효율적인 최선의 수단이 올바로 선택되었는가?

(5) 정책의 집행과정에서 발생할 수 있는 문제들이 충분히 고려되고

대책이 마련되어 있는가? 정책의 목적과 취지가 국민에게 잘 전달되어 설득력을 지니고 있는가? 정책의 집행과정에서 요구되는 적절하고 충분한 행정조직과 인력, 예산, 법절차 등이 잘 구비되어 있는가? 정책집행의 일관성과 형평성이 확보되고 있는가? 등이다.

(6) 정책의 실패나 오차를 수정할 학습 장치는 준비되어 있는가?

이러한 정책의 품격에 해당하는 질문들은 정책에 관한 근본적이고도 실질적인 질문들이다.

정책의 품品: Nature은 높은 차원의 플랫폼이다. 이는 정책의 당위성에 해당하며 정책이 마땅히 추구해야 할 바를 지칭한다. 적합성, 적정성을 토대로 민주성과 성찰성이 이러한 이념에 해당한다.

한편, 정책의 질質: Technics은 낮은 차원의 플랫폼이다. 이는 정책의 효율성 혹은 기능적 효능감效能感을 지칭한다. 능률성, 효과성, 합법성과 같은 이념이 여기에 해당한다. 물론 정책의 낮은 차원이라고 해서 무시해서는 안 되며, 정책의 품과 질을 함께 고려할 때 우리는 진정한 정책의

• 그림 7-2 정책의 품격

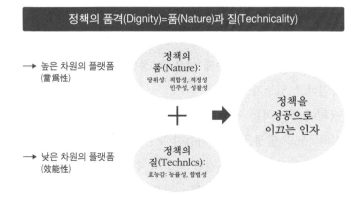

성공을 논할 수 있다.

정부의 품격

정부에도 품격이 있을까?

정부 역시 품과 질이 있다. 품Nature은 높은 차원의 플랫폼으로서 우리가 사는 세상을 보다 아름답고 선한 세상으로 구현해 나가는 정부이며, 질Technics은 낮은 차원의 플랫폼으로서 우리가 사는 세상의 기본적인 물질 기반과 욕구를 충족시키는 정부이다. 낮은 차원의 플랫폼에서 정부는 물질 사회의 다양한 욕구에 부응하는 일을 한다. 그것은 효율적이고 튼튼한 경제 및 국방 안보 인프라 구축, 치안과 법질서 유지, 절차와 제도로서의 민주주의 준수 등을 말한다.

• 그림 7-3 정부의 품격

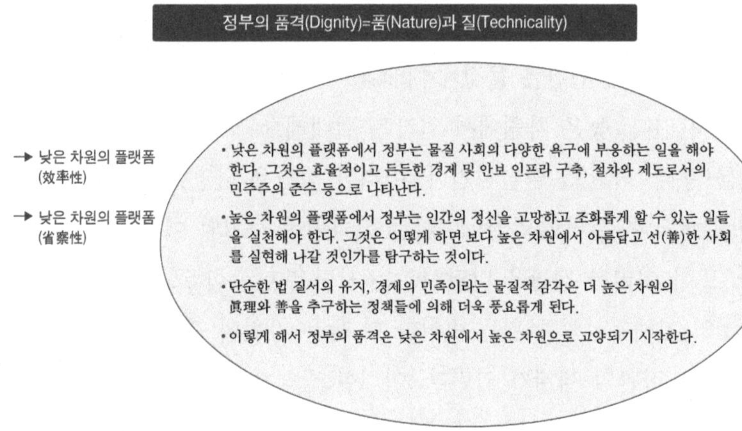

정부의 품격(Dignity)=품(Nature)과 질(Technicality)

→ 낮은 차원의 플랫폼
　(效率性)

→ 낮은 차원의 플랫폼
　(省察性)

• 낮은 차원의 플랫폼에서 정부는 물질 사회의 다양한 욕구에 부응하는 일을 해야 한다. 그것은 효율적이고 튼튼한 경제 및 안보 인프라 구축, 절차와 제도로서의 민주주의 준수 등으로 나타난다.

• 높은 차원의 플랫폼에서 정부는 인간의 정신을 고양하고 조화롭게 할 수 있는 일들을 실현해야 한다. 그것은 어떻게 하면 보다 높은 차원에서 아름답고 선(善)한 사회를 실현해 나갈 것인가를 탐구하는 것이다.

• 단순한 법 질서의 유지, 경제의 만족이라는 물질적 감각은 더 높은 차원의 眞理와 善을 추구하는 정책들에 의해 더욱 풍요롭게 된다.

• 이렇게 해서 정부의 품격은 낮은 차원에서 높은 차원으로 고양되기 시작한다.

한편, 높은 차원의 플랫폼에서 정부는 인간이 정신을 고양하고 서로 조화롭게 살 수 있는 세상을 만들어 나가야 한다. 그것은 어떻게 하면 보다 높은 차원에서 아름답고 선善한 사회를 구현해 나갈 것인가를 탐구하는 것을 말한다.

단순한 법질서의 유지, 경제의 안정과 만족이라는 물질적 감각은 더 높은 차원의 진리眞理와 선善을 추구하는 정부의 높은 철학에 의해 더욱 풍요로운 사회로 변모해 나간다. 이런 방식으로 정부의 품격은 낮은 차원에서 높은 차원으로 발달해 나간다.

인간의 품격

그렇다면, 인간에게도 품격이 있을까?

인간 역시 품과 질이 있다. 품Nature은 높은 차원의 플랫폼으로서 내면의 인격, 지식, 성품을 지칭하며, 질Technics은 낮은 차원의 플랫폼으로서 외모, 재능, 기술을 지칭한다.

낮은 차원에서 인간은 물질계形이하의 세계의 다양한 데이터를 통해 '감각'을 발달시킨다. 높은 차원에서 인간은 절대계形이상의 세계의 다양한 신호와 정보를 통해 '직관'을 발달시킨다. 이러한 직관은 다양한 지식과 수양을 통해 발현되며, 진리眞理와 선善이라는 고차원적 사고와 이성을 통해 고양된다. 또한 이러한 직관을 발달시키는 사람은 단순한 호好 불호不好, 유불리有不利의 이해득실의 차원을 벗어나 더 높은 차원의 진리眞理와 선善에 의한 새로운 직관의 세계가 열린다. 이러한 방식으로 인간의 품격은 낮은 차원에서 높은 차원으로 발달해 나간다.

모든 힘은 내면으로부터 나온다. 마음가짐이 우리의 사고를 좌우한다. 인생에서 얼마만큼의 힘을 가지고 어느 정도로 달성할 수 있는지는 생각의 태도에 달려있다. 내면세계의 조화는 원만한 상태, 쾌적한 환경, 풍요로운 생활로 외부세계에 나타난다. 그것은 건강하게 살기 위한 토대이며, 인생을 힘차게 살기 위해 그리고 위대한 일을 달성하고 성공하기 위해 반드시 필요한 것이다찰스 해널, 2018.[50]

찰스 해널은 다음과 같이 말했다.[51]

마음의 효율적인 작용은 조화에서 나온다. 힘을 얻고자 하는 사람은 자연의 법칙과의 조화가 필요하다. 우리는 잠재의식을 통해 내면세계와 소통을 하며, 태양신경총이라는 기관에서 마음을 관장한다. 교감신경계가 기쁨, 두려움, 사랑, 이 밖의 모든 무의식적인 감정을 관장한다. 우리가 우주정신과 연결돼 우주의 무한한 지성적 힘과 이어지는 것은 잠재의식을 통해서이다.

• 그림 7-4 인간의 품격

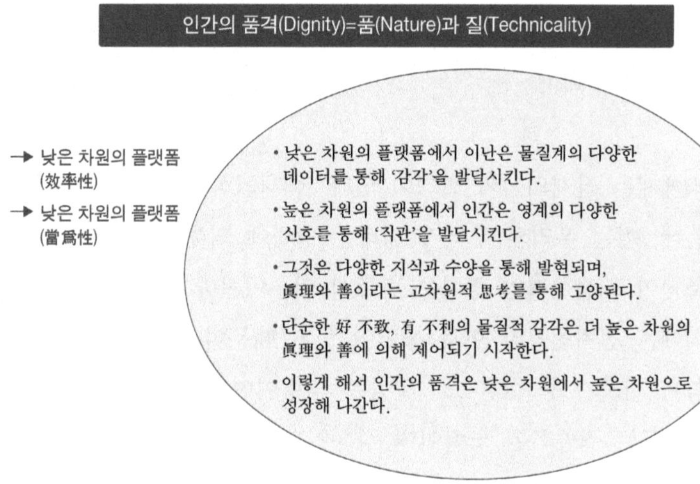

인간의 품격(Dignity)=품(Nature)과 질(Technicality)

→ 낮은 차원의 플랫폼
　(效率性)
→ 낮은 차원의 플랫폼
　(當爲性)

• 낮은 차원의 플랫폼에서 이난은 물질계의 다양한 데이터를 통해 '감각'을 발달시킨다.
• 높은 차원의 플랫폼에서 인간은 영계의 다양한 신호를 통해 '직관'을 발달시킨다.
• 그것은 다양한 지식과 수양을 통해 발현되며, 眞理와 善이라는 고차원적 思考를 통해 고양된다.
• 단순한 好 不致, 有 不利의 물질적 감각은 더 높은 차원의 眞理와 善에 의해 제어되기 시작한다.
• 이렇게 해서 인간의 품격은 낮은 차원에서 높은 차원으로 성장해 나간다.

높은 차원에서 인간은 강한 확신을 가진다. 자신감은 창조적 실천으로 이어지는데, 그의 사고는 잠재의식에서 방해를 받지 않으며, 내면에서 이성과 감정은 잘 조화되어 있다. 그의 내면세계는 고요함과 텅 빔, 직관과 깨어있음으로 조화를 이루고 있는 것이다.

찰스 해낼: 높은 차원의 삶

찰스 해낼은 『성공의 문을 여는 마스터키』[52]에서 성공, 부, 건강을 실현할 수 있는 우주의 법칙을 소개하고 있다. 이 책은 실리콘 밸리에서 성공한 기업가들에게 많은 영향을 끼쳤으며, 빌 게이츠에게도 큰 영감을 주었다.

인간 내면에는 무한한 잠재능력이 있다. 이것을 인지하고 자신의 능력을 개발한 사람은 높은 차원의 플랫폼에 산다. 그들은 자신의 내면에 존재하는 무한한 힘과 능력, 풍요의 법칙을 믿는다. 그 실행 논리와 메커니즘은 다음과 같다.

- 우리에게는 잠재의식의 법칙이 있다. 잠재의식은 전지전능한 힘이 있는데, 이는 우리의 두뇌가 내리는 명령에 의해서만 움직인다.
- 창조적이고 건설적인 명령은 반드시 이루어진다.[53] 왜냐하면 잠재의식에는 전지전능한 힘과 능력이 있기 때문이다.
- 말씀과 기도가 중요하다.[54] 말씀은 명령이며, 생명이 담긴 명령이다. 기도는 집중화된 노력이며 정성이다.
- 집중의 힘은 고요한 곳에서 이루어지므로 고요한 곳에서 생각을 집

중하고 창조적으로 실행하는 힘을 길러야 한다.

- 명령을 내리는 두뇌의 현재의식은 10%이고, 명령을 받는 가슴의 잠재의식은 90%이다. 잠재의식은 우주의 마음과 연결되어 있기에 거대하고 전지전능하다. 하지만 명령을 내리는 자가 주인이다. 따라서 주인의식을 갖고 대응해야 한다. 부정적이고 두려운 생각이 떠오를 때면 누가 주인인지를 상기하고 주인의 힘으로 두려움을 물리치는 힘을 키워라. 그러면 곧 밝고 창조적인 생각으로 대체할 수 있을 것이다.

- 잠재의식을 주관하는 태양신경총을 조금 알아두는 게 좋다. 잠재의식은 교감신경과 연결되어 있는데, 우리 내부의 감정, 느낌, 생명 작용을 총괄하는 기관이므로 매우 중요하다. 따라서 태양신경총을 개발하는 게 중요하다. 즉, 불안, 우울, 두려움 등의 부정적 생각이 든다면 이를 곧바로 기쁨, 행복, 자신감 등의 긍정적 생각으로 대체하라.55) 이러한 훈련이 깊어질수록 태양신경총은 밝게 빛나게 된다.

- 태양신경총의 전자들은 바깥 우주 전체의 마음과 상시적으로 교류하고 있고 문자 그대로 전지전능하므로 그대가 창조적이고 건설적인 생각을 실현시키는 힘은 점점 더 커지게 될 것이다. 그것은 그대에게 성공, 부, 건강, 사랑, 기쁨을 가져다 줄 것이다. 그리고 이러한 정신 훈련은 높은 차원의 플랫폼에서 살 수 있게 해 줄 것이다.

낮은 차원의 플랫폼에 사는 사람들은 여러 가지 사정으로 부정적 트랩trap에 갇혀 있다. 가난, 질병, 시기, 다툼 등 낮은 단계의 플랫폼에서 살아간다. 빈곤의 악순환, 질병의 고리, 시기 질투와 같은 갈등의 고리를 끊어내기가 쉽지 않다. 구조적으로, 또 습관적으로 거기서 빠져나오지 못하는 경우도 많다.

하지만, 높은 차원의 플랫폼에 사는 사람들은 사랑과 창조의 법칙을 잘 이해하고 있다. 우주의식은 사랑, 풍요, 창조의 원리를 따른다는 것을 잘 알고 있기에 자신들의 말, 생각, 행동 하나하나에 주의를 기울인다. 그들은 부정적인 말, 생각, 행동은 바로 자신 내면의 전자電子들에게, 그리고 곧 외부 우주의식의 전자電子들에게 거의 동시에 알려지기에 내면과 외부는 하나로 이어진 한 생명이며 동일 의식이다 결국은 자기 발등을 찍는 행위라는 것을 알고 있다. 따라서 먼저 믿음과 소망, 노력으로 자신의 삶을 가꾸면서, 거기에 따라 창출된 긍정적 가치들을 주변과 공유한다. 그리고 사회에 높은 차원의 플랫폼, 즉 더 큰 행복과 질서, 풍요로움과 선한 영향력을 전파한다.

높은 파동의 삶

높은 파동의 삶이란 무엇일까?

높은 파동의 삶이란 우리 내면에 존재하는 창조의 원리를 깨닫고, 이를 말과 행동을 통해 실천하는 삶이다. 그럴 때 의식은 높은 파동으로 고양되며, 그것은 생명력, 에너지, 활력으로 나타난다. 그리고 성공, 부, 건강, 사랑, 기쁨 등을 가져다준다.

우리 의식의 근원에 흐르는 높은 파동은 대개의 경우 상념想念에 의해 가로막혀 있다. 우리는 낮은 파동의 상념을 걷어 내고 높은 파동의 창조적 생각을 고양시킬 때 우리 안에 내재된 신성한 법칙은 밖으로 실현된다. 그 신성한 원리는 풍요, 건강, 사랑, 창조 등으로 이루어져 있는데, 가령 우리에게 풍요하게 번성하라고 하고, 건강하고 자유를 누리며, 서로 사랑하라고 한다. 또 맘껏 생명력을 누리며 창조하라고 한다. 이것이 생명의 법칙이다.

풍요, 번성, 건강, 자유, 사랑, 창조에는 생명력이 있으며, 그 반대의 낱말들, 그러니까 가난, 빈곤, 질병, 구속, 미움, 파괴에는 생명력이 없다. 이 후자의 존재들은 전자의 생명력이 오면 그냥 사라지는 비생명非生命의 존재들인 것이다. 마치 빛을 비추면 어둠이 사라지고, 아침이 오면 밤은 그냥 사라지듯이.

우리 안과 밖, 그리고 온 우주 만유는 전지전능한 전자電子들이 창조적 지성을 이루며 고차원의 파동으로 물결치고 있는데, 이 높은 차원의 파동은 풍요를 주고 사랑을 주고 창조를 주고 있다. 이를 궁극의 원리, 창조의 원리, 혹은 신성한 법칙56)이라고 부를 수 있는데, 이러한 법칙을 모르고 낮은 파동으로 떨어질 때 우리의 삶은 비천해진다.

낮은 파동의 삶이란 가난, 질병, 다툼의 삶이다. 우리가 우리 안에 흐르는 신성하고 지고한 원리를 모르고 인간적인 욕망에 휘둘려 단지 무지無知와 아집我執의 삶을 살아갈 때, 우리 의식은 비천한 수준으로 떨어지고, 그 결과는 우울, 빈곤, 질병, 공포, 원망, 질투 등으로 나타난다.

생명력의 파동

내 안에 생명력의 파동을 높은 단계로 고양시키는 방법은 무엇일까?

우리는 단순한 육체의 존재가 아니다. 육체 안에는 생명력이 있으며 그 생명력의 근원은 영적 근원과 연결되어 있다.

진동을 고양시키는 방법은 한 마디로 "감동하는 삶"을 사는 것이다.

감동 지수의 총합이 우리 인생의 마지막 성적표이다. 감동이나 감사하게 되면 전신의 세포들은 활성상태로 진동수가 고양되어 우리 몸의 생명에너지는 최적 상태가 된다. 또한 이러한 파동이 몸을 가득 채우게 되면 힘차고 강력한 삶을 이어갈 수 있다. 루퍼트 셀드레이크 박사는 생명은 보이지 않는 에너지의 작용으로 살아가고 있으며, 육체가 죽은 후에도 이러한 기억이나 감동은 형태형성장morphic fields을 통해 공유 및 전이가 가능하다고 주장한다Rupert Sheldrake, 『A New Science of Life』, 1981; 『The Presence of the Past』, 1988.

음악과 예술을 찬미하는 삶, 대자연의 웅장함 앞에서의 감격, 다른 사람에게 친절한 삶, 텅 빈 각성으로 충만한 삶, 참나와 하나 되는 삶, 인의예지仁義禮智: 사랑, 정의, 예절, 지혜와 육바라밀六波羅蜜, 사랑, 윤리, 인내, 정진, 고요, 지혜을 통해 자신을 밝히는 삶, 남과 조화를 이루고 사회에 기여하는 삶, 이들은 모두 진동을 고양시키는 방법론이다. 높은 생명력으로 충만한 높은 파동의 삶, 높은 차원의 삶을 살아가기 위한 구체적인 지침들이었던 것이다.

불멸의 넥타

내 안에는 마르지 않는 샘물이 존재한다. 그 마르지 않는 샘물은 근원이신 신성의 자리에 계시며, 가장 순수하고 영적인 근원에 계신다.

우리 의식의 가장 근원에는 순수하고 빛나는 영의 의식이 있다. 점점 안으로 들어갈수록 맑고 가벼워지며 순수한 근원에 가까워진다. 가장 안쪽에 있는 순수한 근원의식이 열반의식이며, 나의 참된 의식이다. 그곳에서 달콤한 샘물이 흐른다. 그 샘물은 생명수이며 불멸의 넥타이다. 영

원히 마르지 않는 샘물이며 청정한 생명수이다. 창조의 기쁨을 맛보게
해 준다.

심층의식의 근원

우리 마음을 두 층으로 나눈다면 심층과 표층이다. 심층마음은 정신
의 본체인데, 텅 비어 깨어 있는 밝은 알아차림이다. 우리 마음의 장애는
두 가지인데, 산란散亂과 혼침昏沈이다. 세계적 심리학자 칙센트 미하이M.
Csikszentmihalyi는 산란을 불안감Anxiety, 혼침을 지루함Boredom이라고 불렀다.
이 두 극단에서 벗어나 명료하게 깨어있는 마음을 그는 몰입Flow state이라
고 불렀다.

몰입의 단계가 고조되다가 높은 단계에 이르면 정신은 또렷이 깨어있
고 잡념은 사라지며 정신의 본체에 들어가게 된다. 지극히 고요하여 텅
빈 그러나 명료하게 깨어 스스로 밝은 알아차림만이 존재하는, 즉 공적
영지空寂靈知의 자리에 들어가는 것이다. 정신의 더 깊은 곳이며, 순수한
나로만 존재하는 영역이다. 고요하고 텅 빈, 순수하고 깊은 차원의 영역
이다.

이처럼 우리의 정신 영역 속에는 심층의식의 근원이 있다. 심층의식의
가장 내밀한 정수精粹는 텅 비어 깨어있는 밝은 알아차림이다. 순수한 존
재감이고 순수한 알아차림이다. 고요하고 텅 빈 밝은 알아차림. 그러나
이 자리는 지금 나와 결코 멀리 떨어져 있지 않다. 지금 깨어나면 바로
순수 존재감의 영역이다. 지금 이 순간 모든 낮은 차원의 자아번뇌, 망상, 잡념
을 내려놓고 판단만 멈추면 바로 높은 차원의 마음으로 들어갈 수 있다.

높은 차원의 마음

마음에도 높은 차원과 낮은 차원의 마음, 높은 파동과 낮은 파동의 마음이 있다.

낮은 차원의 마음은 MIND마음라고 부른다. 우리의 몸, 외부 세계와 관련된 일상적인 생각, 감정 등을 말한다. 하지만 MIND마음, 에고에서 주의를 나의 안 쪽 내면의 깊은 차원으로 돌리면 CONSCIOUSNESS의식, 존재를 만난다. 그러니까 높은 차원의 마음은 CONSCIOUSNESS이다. 번역하면 근원, 의식, 순수의식이다.

공적영지의 마음은 바로 이러한 근원, CONSCIOUSNESS의식를 말한다. 텅 비어 고요한데 또렷하게 깨어있는 마음이다. 다시 말해, 텅 비어 깨어 있는 밝은 알아차림이다. 빌 공空, 고요할 적寂, 즉 텅 비어 고요하며, 밝을 영靈, 알지知, 즉 밝은 알아차림이 있다. 합치면 텅 비어 고요한 가운데, 밝고 또렷하게 알아차리는 마음이 공적영지이다. 우리 내면의 깊은 차원에는 모두 이러한 공적영지의 마음[57]이 있다.

이처럼 우리 마음에도 낮은 차원과 함께 높은 차원이 있다.[58] 대상을 향해 깨어 있는 대상지對象知와 같은 일상적인 마음뿐만 아니라 대상이 없어도 깨어있는 자기지自己知와 같은 높은 차원의 마음이 있다. 자기지自己知는 눈앞에 대상이 없어도 깨어 있는, 즉 고요하고 텅 빈 가운데 밝게 알아차리는 공적영지空寂靈知의 마음이다.

현대의 의식론은 a) 깨어 있음: 식識, 각覺, b) 대상 의식: 의식意識을 대상으로 하며, 전자를 현상적 의식, 후자를 지향적 의식으로 규정한다. 그게 전부다. 현대의 의식론은 깨어 있음을 대상 의식과 구분하고 있지만, 그것을 현상 차원의 깨어 있음으로만 이해하지 현상보다 더 깊은 근원에서의 깨어 있음을 다루지 못한다. 즉, 깨어 있음과 대상 의식 혹은 그 둘의 결합낮에 깨어 있는 상태에서의 대상 의식만을 생각하지, 대상이 없는 상태에서도 깨어 있는 깊은 마음을 모르는 것이다.

이처럼 현대의 의식론혹은 서양의 심리학은 인간의 깊은 상태의 의식을 잠재의식潛在意識과 무의식無意識까지만 이해했지, 그 너머 대상이 없어도 깨어 있는 마음인 아뢰야식阿賴耶識을 모른다.[59] 불교의 세친이 제창한 유식론[60]은 그 아뢰야식의 청정한 바탕마음識을 청정심, 진여심, 혹은 공적영지의 마음이라고 부른다. 이는 우리의 높은 혹은 깊은 차원의 심층마음이다.[61]

에크하르트 톨레

에크하르트 톨레[62]는 이러한 높은 차원의 마음을 정확하게 인지하고 있다. 그는 높은 차원의 마음으로 들어가는 방법을 다음과 같이 제시했다.[63]

높은 차원의 마음으로 들어가기

1. 내면의 몸체가 중요하다. MIND마음와 CONSCIOUSNESS의식을 연결하는 매체는 몸BODY이다.
2. MIND마음는 생각과 감정을 말하는데, 우리를 속이는 가짜 마음EGO이다.
3. 진짜 마음으로 들어가려면 겉 MIND마음, 에고에 속지 말고, 우리 몸속

의 깊은 CONSCIOUSNESS의식, 존재로 들어가야 한다. MIND마음와 CONSCIOUSNESS의식 중간에 몸BODY이 있다.

4. 사람들은 너무 외부를 향해 치닫고 있다. 내면의 중심에 뿌리내리고 착근하여 나의 참다운 의식과 존재에 몰입하라. 내면의 중심 혹은 내면의 몸체에 뿌리내리는 자는 진정한 행복을 얻을 것이다.

5. 그런 자는 생명이 우리 몸체에 국한되어 존재하는 게 아니라, 천지 자연, 하늘과 땅 사이에 만물이 생명으로 가득 차 있음을 알게 된다. 그것을 존재, 순수의식이라고 한다. 하늘과 땅 사이에 생명으로 가득 차 있음이 의식이고 존재이다. 그 존재와 실재가 나의 참다운 모습이다.

사고실험: 높은 차원의 마음으로 들어가기

한 가지 사고실험Thought Experiment을 해 보자. 지금 당신의 참된 주인은 의식CONSCIOUSNESS이고, 의식의 생명은 영원하다고 가정하라. 당신의 의식은 물리적 우주 공간보다 더 크며 시간적으로 영원하다. 당신의 의식은 접속할 수 있는 다양한 서버가 있는데, 지금 현재 지구에 접속한 것도 그 한 형태에 불과하다. 현재의 서버, 꿈이라는 서버, 저승이라는 서버, 내생의 삶이라는 서버 등 다양하다. 가령, 지금 이 생을 다 살고 나면 당신은 피안의 세계에 접속하게 된다. 그것은 천국일수도 있고, 다음 생을 준비하는 차원세계일 수도 있다. 아무튼 접속할 때 마다 당신에게는 새로운 몸(아바타)이 필요한데, 현생의 삶을 사는 동안 그 아바타는 육체라고 부른다.

당신은 원래 공간적으로 광대무변하고 시간적으로 영원한 존재存在, 즉 의식CONSCIOUSNESS이다. 하지만 지구에 들어와 몸에 접속해 사는 동안 당신의 의식은 육체 크기로 제한되고 협소해졌다. 때론 이기적이고 자기중심적이 되었다. 이때 생겨난 작은 형태의 자아를 우리는 마인드MIND라고 부른다.

이제 당신은 당신의 본질이 의식이었다는 사실을 까맣게 잊고 있으므로 다시 그 광대한 본질을 회복해야 한다. 그러기 위해서는 실전 연습이 필요하다. 그것은 마치 어항(우주)에 사는 물고기(당신)가 묻는 것과 같다. "존재存在가 뭐예요?" 물고기에게 존재는 언제나 물 전체였건만, 자신은 물고기 형태만한 크기의 자아일 뿐이라고 생각하고 있는 것이다. 마치 기억상실에 걸린 환자처럼 좀처럼 당신의 존재가 광대무변한 의식 자체였다는 사실을 받아들이기 어렵다.

따라서 이때 위에서 에크하르트 톨레가 말한 '내면의 몸체'는 당신의 존재 전체로 들어가는 중요한 들머리入口 역할을 한다. '내면의 몸체'로 접속하여 당신의 감각이 미세한 세포 수준에서까지 진동하고, 그 진동이 고차원의 파동으로 높게 물결칠 때, 당신의 심층마음은 고차원 수준으로 회복할 수 있기 때문이다. 그럴 때 당신은 당신의 의식이라는 존재存在 전체와 연결될 수 있게 된다. 그러므로 긴장을 이완하라. 모든 마인드 MIND 수준의 생각과 감정, 느낌을 모두 내려놓고, 오로지 '내면의 몸체'로 깊이 잠수하여 그대의 존재存在 전체와 하나가 되라. 아이러니하게도 몸을 통해 존재存在와 하나가 된다. 머리가 아니다. 몸 안으로 깊이 몰입함으로써, 그 안에 세포들과 하나 됨으로써 그대는 근원과 하나가 된다.

그 근원에서는 항상 순수의식의 빛이 고주파의 파동으로 물결친다. 그것은 텅 비어있는 고요함 속에서 밝은 알아차림의 형태로 나타나는 고차원의 파동이다. 이러한 고차원 의식의 에너지 장場 속에서는 저차원의 생각이나 마인드가 감히 근접할 수 없다. 따라서 이러한 실전 연습이 깊어지면 어느덧 그대 내면의 주인은 심층마음의 근원순수의식이 된다. 그

럴 때 순수의식은 그대 내면에서 적어도 51% 이상을 차지하게 됨으로써
그대의 참된 주인은 청정한 근원이 된다.

종합정리

✓ 이 땅을 살아가는 한 명의 개체로서의 인간은 누구나 다 소망욕망을 가지고 살아간다. 인간은 자신의 소망욕망이 충족될 때 행복해하고, 그것이 좌절되면 불행과 우울을 느낀다. 하지만 거기에 그친다면 인간은 동물과 다를 바가 없을 것이다.

✓ 인간이 동물과 다른 점은 선善 의지가 있다는 것이다. 배고픈 사람을 보면 먹을 것을 나누고 싶고, 억울한 사람을 보면 함께 분노하게 되며, 상대를 만나면 예의를 지키게 되고, 어려운 상황에 처하면 지혜를 짜내게 된다. 마치 봄에는 만물이 생동하는 사랑仁이 발현되고, 여름에는 만물이 풍성하게 질서를 갖추는 예의禮가 발현되며, 가을에는 만물을 추수하면서 알곡과 쭉정이를 가려내는 정의義가 발현되고, 겨울에는 만물이 다음 봄을 기약하며 씨앗으로 침잠하는 지혜智가 발현되듯이.

✓ 우리는 낮은 차원에서 높은 차원의 삶을 추구하고 있다. 그것은 대개 가난과 질병에서 벗어나 부유함과 건강을 추구하는 형태가 된다. 사람은 가난한 환경에서 벗어나 재정적으로 독립하고 싶어 하고, 더 나아가 재물을 비축하여 부유한 상태가 되고 싶어 한다. 약골로 태어난 사람일지라도 일평생 꾸준히 운동하고 좋은 습관을 길러 건강한 사람이 되어 남 앞에 당당한 인물이 되고 싶어 한다. 못 배운 사람도 꾸준히 노력하고 공부하여 학식을 갖춘 사람이 되고 싶어 한다.

✓ 하지만, 우리가 높은 차원이라고 말할 때, 돈이 많고 건강하고 학문을 갖춰 성공한 사람이라 하여 차원이 높다고 하지는 않는다. 부, 건강, 학식을 부러워할 수는 있지만 그것을 가지고 차원이 높다고 말하지는 않는다. 여기서 고전은 일정한 답을 말해주고 있다. 높은 차원의 인간이란 높은 차원의 삶과 파동에 대한 정확한 이해와 체험을 토대로 자신의 삶을 높은 차원의 플랫폼으로 완성시킨 경우를 말한다. 이해, 체험, 완성이 핵심 키워드이다.

1) 이해: 높은 차원의 파동에 대한 정확한 이해를 토대로 높은 차원의 신성한 파동이 자신에게 내재하고 있음을 이해하고, 이 창조적 파동은 외부의 세계와 교류하여 신적인 권능을 지닌 것임을 안다.

2) 체험: 이론으로만 이해하는 게 아니라 일정한 수양과 방법론을 통해 창조적 파동에 대한 체험이 필요하다.

3) 완성: 자신에게 국한된 깨달음이 아니라 자신의 희생이나 모범을 통해 다른 사람들에게 교훈을 전파하고 우리 사회의 선善 의지[64]를 한 단계 더 높은 차원으로 고양시킨다.

✓ 한편, 개체들의 모임인 사회에서 개체들이 다 같이 잘 살 수 있는 방안을 연구하는 정책학이라는 학문은 인간의 존엄성이라는 단어를 역설해 왔다. 경제학이나 정치학과 같은 인근 학문에서도 인간의 존엄성을 왜 안 추구할까마는(가령, 경제학은 한정된 자원의 효율적 배분이라는 명제를 통해서 인간의 풍요를 충족시키려는 관점에서 인간의 존엄성에 기여

하고, 정치학은 권력체제의 독주를 제어하는 장치로서 민주주의를 연구함으로써 시민들이 다 함께 자유를 누릴 수 있는 사회를 만들어간다는 관점에서 인간의 존엄성에 기여한다),[65] 정책학은 유독 명시적으로 인간의 존엄성을 최고의 가치로 내세워 왔다.

✓ 따라서 인간의 존엄성을 추구하는 학문으로서의 정책학은 '인간의 지향점'과 '완성'이라는 주제에 천착해야 한다. 먹고 사는 문제를 넘어서 어떤 가치를 추구해 나갈 것인가에 대한 고민이 필요하며, 여기에서 '인간의 지향점'은 정책학의 핵심 명제라고 이해할 수 있는 것이다.

✓ '인간의 지향점'은 사회 구성원 개인들의 자아실현과 자아완성을 실현하는 길이며, 하버마스가 말했듯이, 사회가 진선미眞善美를 완성하는 방향으로 '사회적 비전과 꿈 Social Vision & Dream'을 추구하는 길이다. 인간은 감각적 존재를 넘어서 선善 의지, 그리고 자신의 영적 활동을 고양高揚시키는 존재인 것이다.

✓ 정책에도 품격이 있으며, 기술적 타당성, 경제적 효율성과 같은 낮은 차원의 플랫폼이 있는가 하면 보다 본질적으로 정책의 적합성, 민주성, 성찰성과 같이 높은 차원의 플랫폼이 있었다. 단순한 법질서의 유지, 경제의 안정이라는 물질적 감각은 더 높은 차원의 진리眞理와 선善을 향해 나아갈 때 의미가 있으며, 정부가 높은 차원의 철학을 지닐 때 사회는 보다 아름답고 선善한 질서를 구현할 수 있는 것이다.

✓ 이러한 논의를 종합 정리하면 아래 표와 같다. 이는 개인 차원으로부터 시작하여 사회 차원으로 확대되고, 이를 통해 낮은 단계에서 높은 단계의 플랫폼이 실현되는 성찰성의 과정을 보여준다.

● 표 7-1 낮은 단계의 플랫폼과 높은 단계의 플랫폼: 개인과 사회의 성찰성 요약

■ 낮은 단계의 플랫폼: 가난, 질병, 불안
  • 개인 차원의 성찰성(공부, 수행)
     ⇒ 잠재의식의 정화 → 자존감 → 자신감
     ⇒ 높은 파동으로 고양
     ⇒ 대아大我로 확장[66] → 영적 승리
     ⇒ 부, 건강, 사랑: 빛나는 삶(개인)
  • 사회 차원의 성찰성(정책, 제도)
     ⇒ 사회 전체의 승격: 빛나는 문화(국가)
■ 높은 단계의 플랫폼: 자유, 풍요, 번영(개인, 국가)

제8장

지혜 정부

정책학의 인문주의적 가치를 발전시키기 위한
정부의 모형 및 과제

DEEP THEORY OF POLICY SCIENCE

8 지혜 정부

정책학의 인문주의적 가치를 발전시키기 위한
정부의 모형 및 과제

지혜 정부

성찰이라는 단어가 주는 함의가 '개인성'이 강하지만, 개인과 개인, 개인과 집단을 연결하는 주체는 여전히 '정부'이다. 성찰성이라는 의미를 끝까지 사유해 보면 정부모형의 관점에서는 지혜정부가 될 것으로 본다. 데이터 – 정보 – 지능 – 지식 이후의 최종 단계는 지혜로 모아지기 때문이다.

데이터를 다루던 정보체계론이 정보를 다루는 전자정부론으로 진화하고, 이후 지식과 지능을 연결한 스마트 정부론이 나왔지만, 지식과 경험의 결합으로부터 오는 신속한 문제해결 능력과 지혜에는 여전히 못미치고 있다. 이에 신속한 문제해결(속도)과 책임지는 리더십(윤리)을 토대로 융합, 소통, 공감하는 형태의 지혜로운 정부가 필요한 실정이다. 최근의 코로나 – 19 팬데믹, 대규모 자연재해, 첨예한 국제정세 등은 국민의 불안감을 고조시키고 있어서 더욱 그러한 형국이다.

지혜

　사람의 신경은 뇌, 척수, 중추신경이 있고, 가슴과 복강으로 내려가서 교감신경이 있으며, 태양신경총에서 만난 중추와 교감은 다시 온 몸 구석구석으로 미주신경을 내보낸다. 태양신경총은 잠재의식의 중추로서 생명력, 에너지, 활력을 담당하는 우리 마음과 자율신경의 컨트롤 타워와 같은 기능을 한다고 앞에서 언급한 바 있다. 자율신경은 사랑, 기쁨, 우울, 공포 등 인간의 감정 작용에 의해 크게 좌우되므로 우리는 기쁘고 즐거운 일을 할 때는 활력이 넘치지만 조금만 께름직하거나 불편한 일을 당하면 금방 의기소침해진다.

　정부도 마찬가지이다. 인간과 인간을 다루는 일이 정책이므로 시민들의 정책에 대한 태도 역시 고정불변이 아니다. 동일한 조건과 환경이라도 정책 대상 집단(정책수요자)을 구성하는 사람들의 마음은 수시로 바뀌는 것이다. 특히 정부(정책공급자)의 진지한 태도와 성찰, 진정성 어린 소통과 공감, 창조적 마인드에 의해 변경된다. 우리가 단순히 머리로 안다고 할 때에는 단순한 정보나 파편적 지식에 불과하지만, 그것이 지난 시절의 소중한 경험, 넓고 유연한 시각, 창조적 태도가 뒷받침된다면 정책의 지혜는 소중한 빛을 발휘하는 것이다. 그것은 국민들에게 진정성 있는 공감으로 다가가고 국민 행복을 실현시킨다.

공감

우리의 좌뇌左腦는 계산과 논리적 사고를 의미한다면, 우뇌右腦는 직관과 공감을 의미한다. 지금까지 인류는 힘과 무력의 시대를 거쳐 지금은 법과 이성의 시대를 살고 있다.

그런데 과연 인류는 지금의 단순한 법과 이성, 계산과 논리를 넘어 공감과 사랑의 시대를 열 수 있을 것인가? 좌뇌의 시대를 넘어 우뇌의 시대를 열 수 있을 것인가?

인류 역사에 있어서 고대와 중세가 힘과 무력의 시대였다면, 근대부터 싹트기 시작한 시대는 법과 이성의 시대였다. 하지만 4차 산업혁명과 자본주의의 심화는 인류문명을 극한으로 몰아붙이고 있으며, 그것이 우리가 현재 일부에서 목격하고 있는 기후변화로 인한 대규모의 자연재난, 코로나-19 팬데믹 등 사회재난, 물질 만능주의와 도덕의 붕괴이다.

과연 우리는 나와 남을 극단적으로 분리하는 계산과 논리의 시대를 넘어 나와 남이 하나 되는 공감과 소통의 시대로 나아갈 것인가? 단순한

• 그림 8-1 공감: 힘과 이성에서 성찰의 시대[67]

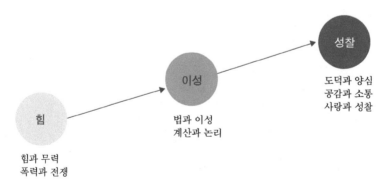

법과 이성의 시대를 넘어 도덕과 성찰의 시대를 열 수 있을 것인가? 첨단 기계문명을 긍정적으로 활용하는 한편, 자아를 확장하여 새로운 휴머니즘의 시대를 열 수 있을 것인가?

보이지 않는 자본

최근 들어 국가 발전에 있어서 보이지 않는 자본의 중요성은 점점 더 강조되고 있다. 경제적, 물적 자본과 같은 제1의 자본, 인적 자본과 같은 제2의 자본 못지않게 신뢰, 민주주의와 같은 사회적 자본, 그리고 긍정심리, 창조성과 같은 긍정심리 자본처럼 보이지 않는 자본이 중요하다는 것이다. 이러한 보이지 않는 자본은 창조성의 원천이 된다. 아름다움, 디

• 그림 8-2   보이지 않는 자본

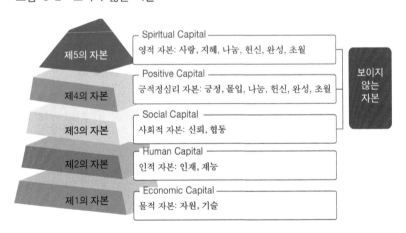

자료: 손욱 원장, "공공부문리더의 체계적 양성"에서 제5의 자본 추가 수정
• 긍정심리학 창시자: 마틴 셀리그먼(U Pen), 칙센트 미하이(Chicago) 교수

자인, 미학 등 높은 정신적 차원의 발현이 창조성인 것이다.

발전행정 혹은 산업사회와 같은 국가 개발 단계에서는 효율성 중심의 패러다임이 우세했지만, 민주화의 시기를 거쳐 국가 재편 단계에 들어서면 보다 높은 차원의 창조적 질서를 필요로 한다. 제품의 디자인이나 품격에 있어서도 높은 수준의 창조성을 필요로 하는 것이다. 또한 4차 산업혁명이나 코로나 팬데믹Covid-19 Pandemic과 같은 국가 혼란기에 있어서도 더 높은 질서의 정신적 역량을 가진 국가가 더 강한 회복탄력성resilience을 보여준다.

급변하는 정책 환경

현대 정책 환경은 급변하고 있다.[68] 바이러스가 급습하고 있고, 첨단

• 그림 8-3   하버드 대학과 정부5.0

기술이 급변하고 있다. 변동성, 불확실성, 복합성, 모호성으로 대변되는 격변의 시대이다. 4차 산업혁명이 도래하면서 인공지능과 인지과학에 기반한 빅 데이터의 중요성은 급증하고 있고, 이러한 변화에 부응하여 각국은 창조적 정책대안의 개발과 법제도를 포함한 윤리적 이슈를 앞다퉈 연구하고 있다. 이러한 환경변화는 전통적 접근에 비해 보다 종합적인 정책적 고찰을 요구하고 있고, 체제에 참여하는 정책행위자들 간의 관계 성찰성을 보다 근본적으로 요청하고 있다. 대표적인 사례로 하버드 케네디 스쿨이 NBIC 연구센터를 열고, 나노Nano, 바이오Bio, 정보과학 Information, 인지기술Cognitive science의 비선형적 발달에 부응하는 정책대안 개발과 윤리적 문제에 신속하게 대응하기 위한 연구에 박차를 가하고 있는 것이다.

새로운 도전

최근 정책환경은 급변하고 있다. 코로나 팬데믹, 대규모 자연재난, 첨예해지는 국제정세와 기술경쟁 등의 급격한 변화는 정부모형에 있어서도 새로운 도전으로 다가오고 있다. 막스 웨버가 강조한 정부1.0과 영국의 대처수상 및 미국의 레이건 대통령에서부터 강조된 정부2.0, 그리고 마크 무어가 강조한 정부3.0, 네트워크와 수평적 협력을 강조하는 정부4.0을 넘어서는 새로운 모형이 필요하다.

현대의 VUCAVolatility, Uncertainty, Complexity, Ambiguity 시대는 새로운 불확실성의 환경을 가중시키면서 새로운 문제해결 방식과 정부형태를 요구하고 있는데, 가령, 정부5.0과 같은 지혜정부가 필요하다.

● 그림 8-4 정책환경의 급격한 변화: 새로운 도전

Gov 1.0 Max Weber	Gov 2.0 Thatcher & Reagan	Gov 3.0 Mark Moore, 1995	Gov 4.0 2000s	
전통적 관료제	신공공관리	공공가치모형	뉴버넌스 모형	새로운 바이러스 급격한 자연재해 첨예한 국제정세 급격한 기술경쟁
Bureaucracy	NPM New Public Management	PVM Public Value Management	Network New Governance	⇩ 불확실성의 고조 (Hightened Uncertainty)
• 명령과 통제 • 관료제적 접근	• 기업가적 정부 • 시장형 접근	• 공공가치 강조 • 가치지향적 접근	• 뉴거버넌스 모형 • 네트워크 접근	⇩ Wisdom Government

지혜정부5.0은 성찰성에 기반한 정책모형으로서 신속하고 책임지는 리더십을 강조한다. 또한, 기존의 정부1.0, 정부2.0, 정부3.0, 정부4.0에서 보여주었던 문제의식 즉 효율성, 시장성, 공적 가치, 관계 네트워크 등의 문제해결방식으로는 풀기 어려운 비선형적 문제들에 대해 보다 근본적으로 성찰할 것을 요구하고 있다. 즉, 속도와 윤리라는 측면에서 보다 더 신속한 문제해결을 요구하며, 보다 더 높은 윤리의식에 기초한 책임지고 소통하는 지혜로운 리더십을 요청하고 있는 것이다.

지혜정부의 완성: 내용 및 논리, 이념 및 과제

현대 정책환경 변화는 가히 격변적이다. 양극화가 심화되면서 인공지능 소유권에 대한 논쟁과 함께 양질의 일자리문제가 쟁점이 되고 있다. 인공지능정부, 드론정부의 등장은 정부의 효율성은 증가시킬 것이다. 디

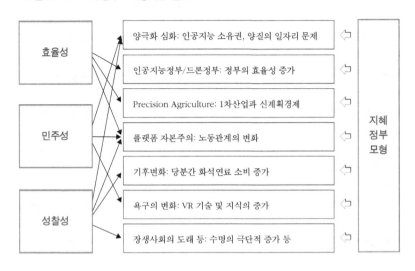

● 그림 8-5 지혜정부: 내용 및 논리

지털 농업, 플랫폼 자본주의, 기후변화, 욕구의 변화, 장생사회의 도래 등은 새로운 사회문제를 분출시킬 것이다. 이러한 문제들은 기존의 효율성, 민주성 정부이념만으로 해결하기 어려운 것들이다. 가령, 극단적 기후변화와 대규모 재난의 증가, 신종 및 변종 전염병의 등장 등은 기존의 정부 패러다임으로는 해결할 수 없으며, 새로운 속도, 책임, 융합에 기초한 지혜를 요구하고 있다.

　따라서 지혜정부는 창조지능형 지혜정부의 구현을 통해 인간의 존엄성과 공공가치를 추구한다. 신속한 문제해결과 효율적 공적 서비스 전달을 통한 Agile Governance를 구축하고, 인공지능 및 빅데이터에 기반한 과학적 행정을 통해 사회적 난제 해결 등 Wisdom Governance를 구축하며, 공적 사회 안전망 강화 및 소통을 통해 윤리적이고 책임지는 Responsible Governance를 구축한다. 즉, 새로운 형태의 정부모형은 속도, 책임, 윤리에 기초한 지혜정부를 추구해야 하는 것이다(아래 그림 1과 2 참조).

• 그림 8-6   지혜정부: 이념과 과제(1)

Vision: Humanism & Public Value

목표: 창조지능형 지혜정부

신속

지혜정부

책임

신속한 문제해결, 효율적 집행
Agile Governance

빅데이터 및 인공지능기반
창조지능형 정부, 난제 해결
Wisdom Governance

윤리적 리더십, 책임지는 정부
Responsible Governance

• 그림 8-7   지혜정부: 이념과 과제(2)

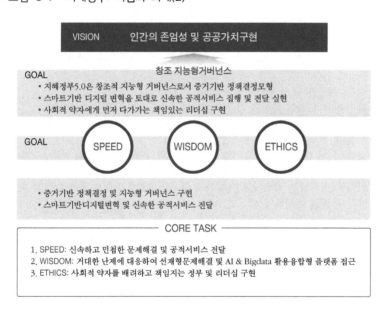

VISION   인간의 존엄성 및 공공가치구현

GOAL
창조 지능형거버넌스
• 지혜정부5.0은 창조적 지능형 거버넌스로서 증거기반 정책결정모형
• 스마트기반 디지털 변혁을 토대로 신속한 공적서비스 집행 및 전달 실현
• 사회적 약자에게 먼저 다가가는 책임있는 리더십 구현

GOAL   SPEED   WISDOM   ETHICS

• 증거기반 정책결정 및 지능형 거버넌스 구현
• 스마트기반디지털변혁 및 신속한 공적서비스 전달

───── CORE TASK ─────

1. SPEED: 신속하고 민첩한 문제해결 및 공적서비스 전달
2. WISDOM: 거대한 난제에 대응하여 선재형문제해결 및 AI & Bigdata 활용융합형 플랫폼 접근
3. ETHICS: 사회적 약자를 배려하고 책임지는 정부 및 리더십 구현

성찰성 구현의 인문학적 마인드

  정책학의 성찰성 구현은 딱딱한 행정 마인드로는 이루어지지 않는다. 이는 인문학적 통찰과 창조적 성찰을 통해 고양된다. 정책학이 인문학과의 창조적 융합을 통해 인간의 존엄성을 구현하고 이를 가능케 하는 철학적 탐색이 활성화될 때 그 조건이 성숙된다. 따라서 인간의 존엄을 강조하는 정책학은 향후 인간이 '인간다움'을 실현하고자 하는 인문학을 탐구해야 한다. 좋은 정부란 '자유'와 '공리'를 넘어 선善 의지와 실천이성을 활성화할 수 있는 창조적 행정과 정책을 펼치는 정부이기 때문이다.
  이러한 관점에서 좋은 정부가 고려해야 하는 인문학적 핵심 주제를 제시하면 다음과 같다.

> • 좋은 정부가 고려해야 하는 AGENDA
> 1. 자유: 좋은 정부는 '자유'와 풍요를 넘어 '실천적 이성'이 활성화시켜야 한다 → 존엄의 본질
> 2. 실존: 정책학의 '실천적 이성'과 '실존'은 닮았음.
> 3. 휴머니즘: 문명의 목적은 과학과 기술의 진보가 아닌 '인간의 진보'
> 4. 자아: 프로이트의 '정신분석이론'과 인간의 존엄성
> 5. 향상심: 괴테의 '향상심'과 인간의 존엄성
> 6. 전체주의에 대한 사전 대응: 한나 아렌트의 '악의 평범성' 사유와 전체주의의 기원(The Orgin of Totalitarianism)
> 7. 미래학: 정책학은 '바람직한 미래'가 무엇인지 고민하고 이를 통해 미래의 '다양한 가능성'을 전망해야 함.

창조적 정책학

의식의 본성은 알아차림이다. 순수하게 존재함이고 알아차림이다. 고요하고 텅 빈 가운데 무변광대하며 신령스럽게 알아차린다. 밝고 텅 빈 거울처럼 그냥 알아차린다.

사람은 누구나 두 가지 차원의 의식이 공존하고 있다. '몸'과 몸으로 살아온 경험의 축적된 기억들로 구성된 개체의식과 이러한 생각 너머에 '참 의식'으로 존재하는 더 깊은 심층의식이 존재한다. 마음의 파동이 낮은 상태에서는 분리된 물질―개체로 인식되지만, 마음의 파동이 높은 상태에서는 연결된 평화, 지혜, 창조로 존재한다.

우리의 마음이 고요하고, 창조적이며, 직관적인 상태가 될 때가 있다. 이때 우리의 의식은 순수하고 창조적으로 흐른다. 창조모드가 작동하는 것이다. 뇌 의식 상태는 알파파와 세타파가 되며, 더 깊은 초의식에 들 경우 일관성 있고 동조성 높은 감마파를 띠기도 한다.

앞에서 우리는 정책학도 낮은 차원의 플랫폼과 높은 차원의 플랫폼이 공존한다는 점을 다양한 관점에서 살펴보았다. 비록 우리의 현실이 낮은 차원의 플랫폼에 머물고 있을지라도 학문의 미래는 높은 차원의 플랫폼을 지향해야 한다. 인문학 거장들의 마인드와 가르침이 이러한 방향을 지적하고 있다.

마틴 셀리그만M. Seligman, 칙센트 미하이C. Mihalyi와 같은 긍정심리학자들이나 독일의 대문호 괴테는 긍정과 행복에 기초한 향상심向上心을 강조하고 있다. 또한, 한나 아렌트H. Arendt는 인간과 인간의 모임인 공동체의 중요성을 강조했으며, 따라서 사람과 사람 사이의 관계와 공공성, 그리고 공동체 내에서 타인을 인정하고 소통하는 공적 가치의 중요성을 강조했다.

이러한 인간에 대한 깊은 연민과 이해, 사랑과 예절, 공동체에 대한 새로운 발견과 지혜, 긍정과 행복을 통한 향상심 철학은 우리가 앞에서 언급한 높은 차원의 진리와 선善을 향한 의지를 지적해주고 있다. 우리의 정책학이 단순히 관료제의 도구성에 함몰될 게 아니라 현대 민주주의의 가치를 확인해 나가면서 인간을 인간답게 해주는 성찰성과 같은 이념과 철학적 기반이 중요하다는 점을 다시 한번 확인해주고 있는 것이다졸저, 2018: 9-10.

한편, 창조성이란 '앞으로 나아가게 하다', '보다 높은 가치를 지향', '새로움을 내포한 품격' 등을 뜻한다. 창조성, 'creativity'의 어원인 'create'는 '앞으로 나아가게 하다', '성장하다'의 의미를 지니고 있으며, 이는 곧 '보다 높은 가치'를 추구하는 것이다. 따라서 창조성은 항상 '새로움'과 함께 하는 것이다.

정책학에서도 '창조성'은 최고의 가치를 지닌다. 정책학이 인간의 존엄성 실현을 추구하는 학문이라고 할 때, 인간의 존엄성 실현이란 곧 인간의 가장 높은 가치의 발현인 창조성을 실현하는 것으로 볼 수 있기 때문이다. 즉 정책학은 인간의 창조적 품격을 실현시키고자 다양한 과학적 수단을 창조적으로 탐구하는 학문이다.

이러한 창조적 정책학 역시 인간에 대한 깊은 연민과 이해, 사랑과 예절, 공동체에 대한 새로운 지혜에 기초한다. 정책학이 단순히 정책이라는 도구적 수단성에 함몰될 게 아니라 현대 민주주의의 가치를 확인해 나가면서 인간을 인간답게 해주는 성찰성과 같은 이념과 철학을 지닐 때 그 사회의 창조성이 발현되고 꽃 피울 수 있는 것이다졸저, 2018: 9-10.

• 그림 8-8 성찰성 구현의 인문학적 마인드

인간 자아, 실제, 향상심, 공동체 그리고 정책학

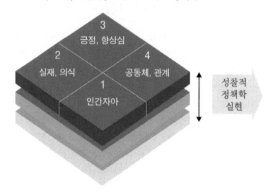

• 그림 8-9 창조적 정책학

인간 자아, 실제, 향상심, 공동체 그리고 정책학

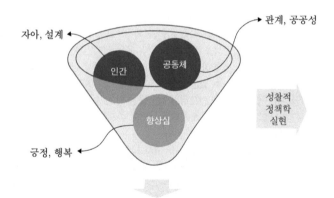

종합정리

✓ 인간 의식에 대한 깊은 성찰이 필요하다. 물질과 제도에 집착하는 낮은 차원의 플랫폼이 아니라 정신과 창조를 고양시킬 수 있는 높은 차원의 플랫폼이 필요하다. 인간의 정신은 육체를 주도해 나간다. 문명의 목적은 과학과 기술의 진보에 있는 것이 아니라 인간과 의식의 진보에 있는 것이다.

✓ 문명은 인간의 삶에 대한 열정의 표현이다. 인류는 역사 속에서 치열한 삶의 열정을 표현해왔다. 그것은 내면의 창조적 이성을 토대로 전개된 것이었다. 현대사회의 과학에 대한 맹신, 기술 합리성에만 천착한 정책설계는 비본래적 실존에 해당하는 것으로 필연적으로 인간소외를 초래할 수밖에 없다. 따라서 정책의 타당성 분석에는 규범적 정책분석이 반드시 선행되어야 한다. 논리적, 규범적, 철학적 뿌리에 바탕을 두고, 인간을 목적과 주체로 보는 정책설계가 필요하다.

✓ 정책학의 성찰성 구현은 인문학적 통찰과 창조적 성찰을 통해 가능해진다. 정책학이 인문학과의 창조적 융합을 통해 인간의 존엄성을 구현하고 이를 가능케 하는 철학적 탐색이 활성화 될 때 그 길은 빨리 열릴 것이다. 다시 강조하건대, 좋은 정부란 '자유'와 '공리'를 넘어 선善 의지와 실천이성을 활성화할 수 있는 창조적 지혜정부이기 때문이다.

✓ 지혜 정부란 시민들의 실천적 이성이 활성화될 수 있는 조건과 환경을 만들어주는 정부이다. 공간적으로는 신뢰와 사회 자본을 확장하고, 시간적으로는 미래 세대의 지속 가능성을 고려하는 정책을 펼친다. 무엇이 옳은 정책인지, 무엇이 바람직한 삶의 방식인지를 고민하고 성찰하며, 미래를 내다보고, 바람직한 삶이라는 관점에서 공동체의 선善을 고양시킬 수 있는 정책을 설계하는 정부이다. '공동선으로서의 미덕'을 함양하고, 물질이나 제도만으로는 설명될 수 없는 높은 차원의 정책 플랫폼을 제시하는 정부이다. 그러는 가운데 시민들 내면에 존재하는 창조성과 실천이성을 자극하고 고양시키는 정부인 것이다.

✓ 정책학은 인간의 창조적 품격을 실현시키고자 다양한 과학적 수단을 창조적으로 탐구하는 학문이다. 인간에 대한 깊은 연민과 이해, 사랑과 예절, 공동체에 대한 새로운 발견과 지혜, 긍정과 행복을 추구하는 성찰성 이념과 철학이 요긴한 이유이다. 정책학이 단순히 관료제적 도구성에 함몰될 게 아니라 현대 민주주의의 가치를 확인해 나가면서 보다 높은 차원의 진리와 선善을 향한 의지를 지향해 나갈 때 우리 사회의 창조성과 성찰성은 꽃 피울 수 있을 것이다.

제9장

결론 및 함의

DEEP THEORY OF POLICY SCIENCE

9 결론 및 함의

   '정책학'을 하나의 '개체'나 '공동체'의 관점에서 바라볼 때, 인간 존엄성의 실현은 한 '개체'의 관점에서는 '자유와 존엄'이 지켜지는 삶을 의미하며, '공동체' 관점에서는 '신뢰받고 성숙한 문명사회'를 의미한다.[69] 이는 한 개인의 자유와 선택을 존중하고, 개인의 다양한 기회와 소양이 자아실현을 통해 더 높은 차원의 삶으로 고양될 수 있는 사회의 실현을 말한다. 그리하여 개인적으로는 자유와 존엄이 지켜지고, 공동체적으로는 더 자유롭고 풍요로운 문명사회를 만들어 나가는 것을 의미한다.

   라스웰H. Lasswell이 창시한 정책학 패러다임은 그 역사적 의미의 중대성이 충분히 고려되고 평가되어야 마땅하지만, 전체적인 구성은 법과 제도, 서구적 민주주의라는 틀 안에서 구성된 것이었다. 법과 제도, 절차적 가치를 넘어서 마음과 마음이 교류하고 상호 신뢰 속에서 성찰성이 증진되는 형태의 문제해결 방식은 적극적으로 고려되지 않았다는 것이다.

   민주주의 정책학의 완성은 법과 제도, 민주주의라는 절차적 가치를 넘어서 마음과 마음이 상호 배려되는 성찰성의 실현이라고 볼 수 있다. 정책과정은 형성 시기부터 집행, 평가에 이르기까지 다양한 행위자들의 복잡한 관계성을 내포하고 있다. 또한 사람, 구조, 환경이라는 다양한 변수들이 역동적으로 얽혀있는 것이다. 따라서 정책과정에 참여하는 다양한 행위자들 간의 관계성, 특히 수요자, 공급자, 상호작용적 거버넌스 조건을 중시하는 성찰성과 같은 개념은 현대 정책학에서 점점 더 중요한 분석도구로 다루어질 것이다.

하지만 성찰적 정책모형은 이제 시작에 불과하다. 성찰성이라는 보이지 않는 가치와 최고이념이 현실세계에 내려와 정책내용으로 착근되고 구현될 수 있으려면 다양한 연구와 시도가 필요할 것이다. 정책수요, 공급, 환경에 대한 분석은 그 한 도구에 불과하다. 계량분석을 위한 다양한 조작적 정의와 지표 구성, 그리고 더 중요하게는 질적으로 성찰성이라는 개념의 틀을 발전시키기 위한 다양한 시도가 요구된다고 하겠다. 말하자면, 심층적인 후속 연구가 필요하며, 성찰성의 구체적 기준과 한계, 측정 조건과 모형의 정교화와 함께 성찰적 정책모형이 얼마나 광범위한 설명력을 지니는지에 다양한 사례를 토대로 점검하고 확인해 가려는 학술적 노력이 필요할 것이다. 예컨대, 향후 발전되어야 할 정책학에서의 성찰성 맥락을 제시해 보면 다음과 같다.

1) 대통령의 통치 행위 혹은 행정부 등 정부의 정책 실패에 대한 반성기제로서의 성찰
2) 행정과 정책 집행자 개인의 내면적 성장 기제로서의 성찰
3) 정책행위자의 정책 수용성을 높이기 위한 정부나 정치지도자의 정책 마인드로서의 성찰
4) 정책수용자로서의 성숙한 민주시민의 의식을 고양하기 위한 개념으

로서의 성찰
  5) 정책학 연구의 현실 적실성과 학술적 정교성을 다듬어 나가는 의미로
    서의 성찰

  향후 정책학은 낮은 단계의 플랫폼과 높은 단계의 플랫폼, 높은 차원
으로의 변화 및 이행방안 연구, 개인-조직-국가(정부) 각 수준에서의
분석, 의식-제도-정책의 창조적 연결고리 등 종합적 연구가 필요할
것으로 생각한다.
  돌이켜 보면, 현대 민주국가는 서양의 계몽주의 사상과 사회계약설에
큰 영향을 받았으며, 루소, 로크, 홉스 등이 내린 인간의 본성에 대한 규
정과 개인의 자연권을 어느 정도까지 보장하느냐에 따라 국가의 역할과
권력, 자유와 민주주의라는 원칙이 정립되었다. 서양의 '이성'에 대한 관
점에 기반 하여 인간의 자유와 기본권을 최대한 보장하고 합리적으로
문제해결하려는 목적을 가지고 현대 사회과학은 게임의 법칙'rule of game,'
North, 1990[70] 혹은 공동체에서 적용되는 원칙'rules-in-use,' Ostrome et. al, 1994[71]
으로서의 제도 연구를 해온 것도 사실이다. 마이클 센델의 공공선, 오스
트롬의 공동체 중심의 자치 운영방식 역시 '신뢰받고 성숙한 문명사회'
를 만들기 위한 치열한 고민으로 이해할 수 있다.
  마지막으로, 성찰성이라는 주제를 사회과학에 정착시킴에 있어 주목
할 만한 두 가지 큰 흐름을 제안하면서 본서를 마무리하고자 한다.

  첫째, 본서에서 소개한 공급자의 시각, 수요자의 시각, 상호작용적 시각
    에 대한 다층적 분석을 중심으로 성찰성을 정책학 혹은 정책분석
    과 연결시켜 심화 발전시킬 필요가 있다.
  둘째, 인간의 본성에 해당되는 근원적인 창조의식을 어떻게 제도 혹은
    국정 거버넌스에 접목시킬지에 대한 연구가 필요하다. 이는 우주

에 실재하고 있는 높은 차원의 질서가 투영된 인간의 본성을 어떻게 복원시키고 활성화시킬 수 있을지에 대한 연구인데, 예컨대, 불교 혹은 긍정심리학에서 강조되고 있는 마음챙김mindfulness이 개인 혹은 조직 차원에 어떻게 활용될 수 있을지에 대한 깊은 탐구가 필요할 것으로 본다. 이미 경영학에서는 개인차원의 마음챙김[72]과 함께 긍정조직학의 관점에서 본 조직 마음챙김[73]을 활발하게 연구하고 있으며, 이런 관점에서 "실패에 대해 관심을 갖고 솔직하게 개방하는 태도와 이를 인정하고 장려하는 조직 분위기, 더 나아가 정보를 단순하게 해석하는 것을 피하여 다각적으로 보고 표현하고 서로의 의견을 존중하는 태도"백양숙, 박호환, 2019: 45에 대해서 강조하고 있는 바, 이러한 시각은 향후 정책학 연구에도 많은 시사점을 줄 수 있을 것으로 사료된다.

이러한 관점에서 향후 정책학도들은 창조의식에 관한 연구, 제도와의 연계, 긍정심리 및 몰입, 마음챙김과 조직몰입, 창조성, 다각적 지표화 및 방법론 개발 등을 통해 성찰 및 창조적 정책학 발전에도 많은 관심을 가졌으면 한다.

인류는 변동성, 불확실성, 복잡성, 모호성으로 대변되는 4차 산업혁명이라는 '거대한 물결' 앞에 서있다. 급변하는 사회변동과 더불어 날로 발전하는 첨단기술의 문명 속에서 4차 산업혁명의 시대는 정신문화와 물질문명의 불균형뿐만 아니라 철학의 빈곤을 초래하고 있다.

인류 역사의 본질이 '생각'과 '의식' 진보의 역사라면, 우리는 이러한 물질문명의 '거대한 물결'과 '철학의 빈곤' 앞에서 어떤 '생각'과 '의식'으로 새로운 역사에 임해야 할 것인가? 현대 정부의 원리를 연구하는 정책학이라는 학문이 초라한 철학적 궁핍에 빠지지 않기 위해서는 어떠한 철학적 혹은 인문학적 기반으로 무장해야 할 것인가?

그동안 행정학의 발전을 지탱시키는 두 축은 효율성과 민주성이었다. 하지만 본서에서는 현대행정을 동태적 개방체제로 이해한다면 성찰성이 중요하게 등장한다는 점을 강조하였다. 현대행정에서는 효율성, 민주성만으로는 해결하기 힘든 복잡하고 사악한 문제complex & wicked problem들이 속속 등장하고 있는데, 이들은 효율성, 시장논리, 관계 네트워크만으로는 풀기 어려운 비선형적 문제들이다. 따라서 새로운 정부모형은 속도와 융합이라는 관점에서 보다 더 신속한 문제해결을 요구하며, 보다 더 높은 차원에서 정부와 시민의 상호작용적 거버넌스를 성찰할 것을 요구하고 있다.

우리는 현재 '보이지 않는 자본'으로서의 성찰성에 대한 진지한 고민이 부족하다. 이는 정책이념의 관점에서 철학의 빈곤을 초래하기도 하지만, 국가 전반의 창조성을 고양하는 데에도 걸림돌이 된다.

따라서 정책학이 지향하는 인간의 존엄성이라는 가치에 부합하는 정책이념을 근본적으로 고찰해 보아야 한다. 또한, 현대 사회의 복잡한 문제의 본질을 보다 깊이 있게 꿰뚫어 볼 수 있고, 외부환경에 흔들리지 않는 성찰성에 대한 담론이 필요하다. 더 나아가, '보이지 않는 가치'에 대한 보다 깊은 철학적 탐구가 필요하고, 이를 정책과정에 내재화하는 학술적 노력이 필요하다. 이러한 총체적 노력을 통해 우리는 성찰적 정책학의 실현에 한 걸음 더 다가설 수 있을 것이다.

이러한 논의가 정책학의 발전에 작은 디딤돌이라도 되었으면 하는 바람이다.

미주

1) 우리나라 정책학 제1세대 학자 중에서 정치학적 흐름을 대표하셨던 분은 서울대 정정길 교수님이다. 학부에서 법학을 배경으로 미국 미시간(Michigan)대 정치학 박사 학위를 하셨기에, 다른 업적도 많으셨지만, 정치과정론, 정책결정론 등에 많은 기여를 하셨다. 또한 계량경제학적 흐름을 대표하셨던 분은 서울대 노화준 교수님이다. 학부에서 공학을 배경으로 미국 시라큐스(Syracuse)대 행정학 박사를 하셨기에 계량분석론, 정책분석론, 정책평가론 등에 많은 기여를 하셨다. 한편 정책 철학과 윤리의 흐름을 대표하셨던 분은 성균관대 허범 교수님이다. 학부에서 정치학과 철학을 배경으로 미국 뉴욕 알바니(Albany) 주립대에서 정책학 박사를 하셨기에 정책철학과 윤리에 기초한 정책학의 이상과 도전, 탈실증주의에 기초한 정책설계론 등에 많은 업적을 남기셨다.

2) 필자는 다른 곳에서 정치학적 흐름에 해당하는 정책과정론(정책학 강의(2014: 116-146, 박영사), 계량경제학적 흐름에 해당하는 정책분석론(정책분석론(2010, 박영사, 정책분석의 심층논리(2023, 박영사)등을 전개한 바 있는데, 여기에서는 인문주의적 요소에 초점을 둔 철학적 흐름에 천착하고자 한다.

3) 기록자 받아 씀. (2015). 『그리스도의 편지: 예수가 말하는 예수의 생애와 가르침』. 이균형 옮김. 정신세계사. 42쪽.

4) 요한복음 1장(요1:1-6)은 "태초에 말씀이 계시니라. 이 말씀이 하나님과 함께 계셨으니 이 말씀은 곧 하나님이시니라. 그가 태초에 하나님과 함께 계셨고, 만물이 그로 말미암아 지은 바 되었으니, 지은 것이 하나도 그가 없이는 된 것이 없느니라."라고 기록하고 있다.

5) 철학은 이성적 이해이고, 종교는 체험적 직관이다. 그 깊이는 존재론적 각성을 통해 드러나고, 우리는 새로운 깨어남을 통해 순수체험의 근원에 도달할 수 있다. 근원적인 체험에 기초한 직관이 심층의식의 본질이다.

6) 필자가 높은 단계, 낮은 단계의 플랫폼이라는 아이디어를 얻은 것은 성균관대학교 김준영 이사장님으로부터였다. 2021년 1월 연 초 대학경영전략회의에서 김준영 이사장은 다음과 같이 높은 단계 플랫폼의 중요성을 강조했다. "모든 일에는 낮은 단계와 높은 단계의 플랫폼이 있습니다. 철학을 지닌 높은 수준의 플랫폼이 되어야 합니다. 국제화도 그렇습니다. 영어로 수업만 하는 국제화에 그칠 게 아니라, 진정으로 세계적인 석학들을 수업에 접목시켜서 대학원생들의 글로

벌 역량을 강화시키는 높은 수준의 국제화가 되어야 합니다. 융합도 마찬가지입니다. 교수 몇 명이 모여 연구하는 단순한 형태의 융합에 그칠 게 아니라, 몇 개의 학과를 융합학문영역(discipline)으로 묶어 교육과 연구를 함께 고취시키는 높은 단계의 융합을 고민해야 합니다." 김 이사장님의 말씀은 내 뇌리를 강타했다. 그렇다면, 정책학 연구도 높은 단계와 낮은 단계의 플랫폼이 있을까? 철학과 이념, 모형과 방법론도 높은 단계의 플랫폼을 이끌어 내는 한 차원 높은 접근이 있지 않을까? 이때부터 '높은 단계의 플랫폼'이라는 개념은 내 학술 연구의 화두가 되었다.

7) 파드마삼바바, "일체가 마음이다." 울림.

8) 조 디스펜자. (2019). 『당신도 초자연적이 될 수 있다』. 추미란 번역, 샨티.

9) 그렉 브레이든. (2021). 『잃어버린 기도의 비밀: 1700간 잠들어 있던 신과 소통하는 언어』. 황소연 번역. 김영사.

10) 그렉 브레이든. (2021). 『잃어버린 기도의 비밀: 1700간 잠들어 있던 신과 소통하는 언어』. 황소연 번역. 김영사.

11) 텅 비어 고요한데 또렷하게 알아차리는 마음이 있다. 잡다한 생각과 번뇌를 내려놓는 연습을 하다보면, 텅 비어 바라보는 연습을 하다보면, 어느 순간 마인드에서 의식으로 전환되는 임계점이 나타날 것이다. 그렇게 되면 나는 작은 마인드에 더 이상 휘둘리지 않게 되고(불안, 걱정, 우울로부터 벗어나는 일이 많아지고), 나는 근원으로부터 샘솟는 자유와 평안, 직관과 창의, 참다운 지혜와 같은 혜택을 무한하게 받게 된다.

12) 높은 차원의 마음은 불교에서 말하는 청정심이며 진아眞我이다. 그래서 『열반경』에는 진아眞我는 대아이며 무아라고 했다. 정토종에서 강조하는 아미타 부처님의 마음이 청정심이며 진아眞我이다.

13) 조 디스펜자. (2019). 『당신도 초자연적이 될 수 있다』. 추미란 번역, 샨티. 한편, 불교에서는 나의 흩어진 산란심散亂心, 번뇌을 멈추게 하고, 가라앉은 혼침심昏沈心, 무기을 불러 일깨우는 수행을 염불念佛이라고 하고, 그 중심에 계신 우주의 큰 생명을 아미타 부처님이라고 부른다. 관무량수경에는 다음과 같이 표현되어 있다.
제불여래시법계신 입일체중생심상중 諸佛如來是法界身 入一切衆生心想中
시고여등심상불시 시심즉시삼십이상팔십수형호 是故汝等心想佛時 是心卽時三十二相八十隨形好
시심작불 시심시불 是心作佛 是心是佛

모든 부처님은 바로 법계를 몸으로 하나니, 일체중생의 마음 가운데 곧 부처님이 들어 있느니라.
따라서 그대들이 마음으로 부처님(아미타불)을 그리워하면, 그 마음이 바로 삼십이상 팔십종호를 만들어내는 것이니, 이 마음으로 곧 부처를 이루고 이 마음이 곧 부처인 것이다. 말하자면, 우리 몸의 각각 여섯 개씩 근진식根塵識 모두 18계가 모두 떨어져 나가고, 구름 걷히고 밝은 달 나오듯이, 옛날 몸舊習이 모두 탈각脫殼되고 새로운 생명의 모습, 법신法身이 나오게 되는 것이다.

14) 흩어진 기운과 가라앉은 기운은 어둡고 무겁고 침침하며 파동이 낮다. 즉, 죽은 기운으로서 낮은 차원이다. 반대로, 하나로 모아진 기운과 살아 움직이는 기운은 밝고 가볍고 명쾌하며 파동이 높다. 즉, 살아있는 기운으로서 높은 차원이다.

15) 불교에서는 하나의 기운으로서 늘 밝게 살아 숨 쉬는 우주에 충만한 큰 생명을 아미타불이라고 부른다. 인도철학에서는 우주의 큰 생명을 브라흐만이라고 부른다. 이 절대적 실재만이 유일한 실체(Oneness)라고 본다. 하지만 우리는 하나로 꿰어 밝지 못해 이러한 큰 생명으로부터 떨어져 있다고 느끼고, 종종 이러한 진리를 놓치고 흩어지고 무거운 기운에 떨어진다. 인도철학에서는 이를 무명無明, 마야Maya, 환영幻影이라고 부른다. 이러한 잘못된 관념을 모두 지우면 물방울(아트만, 개체)은 큰 대양(브라흐만, 전체)과 하나임을 알게 된다. 범아일여(梵我一如). 브라흐만(梵)과 아트만(我)은 언제나 하나였다.

16) 불교(정토종)에서는 그 큰 하나의 생명체를 아미타불이라고 하고, 그 부처님의 밝고 높은, 그리고 하나 된 기운을 자꾸 그리워하고 닮고 싶어 염원하는 행위를 염불기도라고 한다. 참선參禪은 흩어 진 마음을 하나로 모으고 가라앉은 기운을 밝게 불러일으켜서 종국에는 우주의 큰 생명과 하나 되게 계합하는 수행 노력인데, 내 마음의 자성 자리가 곧 우주의 불성 자리임을 믿고, 그 불성 자리의 부처님(아미타불)을 염원하면서(마음에 그리면서) 염불하는 수행 노력을 염불선念佛禪이라고 한다.

아, 그렇다!
법법성상法性相으로 펼쳐지기 전에 그 자리가 지혜智慧, 광명光明, 생명生命, 불성佛性, 금진金塵이었구나. 모두 한 이름을 말한 것인데, 그것이 곧 무량광 아미타불님이었구나.
법法은 우주의 법칙이니 생명이며
상相은 만물의 차별상이며
성性은 상의 본바탕이니 본질이다.

17) 한형조 외. (2012). 『근사록: 덕성에 기반한 공동체, 그 유교적 구상』. 한국학중앙연구원출판부. 27쪽.

18) 일자 샌드. (2017). 『센서티브』. 김유미 옮김. 다산지식하우스. 95쪽.

19) 황상규. (2015). 『철학아, 내 고민 좀 풀어줘!』. 이책 출판사. (『철학산책』)에서 인용.

20) 하지만 이러한 이성의 철학은 당시 루소, 로크 등과 함께 계몽주의 사상을 낳고 신분 제도를 부정하고 타파하는 사회 계약론으로 이어졌다. 이성에 기초한 경쟁과 행복의 추구는 산업혁명으로 이어졌고, 시장을 통한 경쟁의 추구는 자본주의 심화와 함께 제국주의로까지 이어졌다. 인간을 해방시키려고 한 이성이 자유, 평등, 박애라는 계몽사상으로 이어진 것까지는 좋았으나, 인간의 이성에 기초한 시장주의가 무한경쟁과 무한쾌락을 부르는 신자유주의로 이어진 것은 역사의 아이러니가 아닐 수 없다. 그러나 칸트가 말한 이성은 이러한 낮은 단계의 이성이나 공리주의가 아닌 높은 단계의 선의지와 실천이성임을 상기할 필요가 있다.

21) 임마누엘 칸트. 강태원 역. (2019). 『도덕형이상학의 기초』. 다락원에서 인용.

22) 황상규, 전게서, 인용.

23) 김태길. (2010). 『우송 김태길 전집: 체험과 사색』. 철학과 현실사. 217쪽.

24) 제이지 나이트. (2011). 『람타(화이트 북)』. 유리타 옮김. 아이커넥.

25) 인간의 근원의식은 신의 마음(신성)과 맞닿아 있다. 인간의 근원의식에 존재하는 "나라는 존재감(I AMNESS)"는 곧 신성이다. 나라는 생생한 존재감, 그것은 신의 마음으로부터 온다. 따라서 인간은 신의 마음에 뿌리를 내린 신성한 존재다. 그리고 인간의 존엄성이란 바로 이러한 인식론에 근거를 두고 있다. 텅 비어 깨어있는 순수한 의식, 순수한 알아차림, 순수한 각성은 신성과 맞닿아 있다. 진아(眞我)인 것이다. 따라서 이 진아(眞我)에서 명령을 내린 것은 이루어진다. 창조적 권능이 있기 때문이다. 나는 할 수 있다는 생각, 온 몸과 세포를 진동으로 고양시켜 빛의 속도로 주파수를 올리는 행위가 가능해지며, 그리하여 몸 전체의 세포는 깨어있고 빛의 주파수로 고양되는 일이 가능해 진다. 낮은 주파수에서 높은 주파수로 이행(移行)하는 것이 가능해 지며, 낮은 단계에서 높은 단계의 삶으로 이동(移動)하는 것이 가능해 진다.

26) **존 롤스와 높은 단계의 플랫폼**: 존 롤스는 '무지의 베일(veil of ignorance)' '원초적 입장(original position)'이라는 창의적인 사고실험(thought experiment)을 토대로 우리에게 합당한 정의의 준칙을 제시했다. 그것은 1) 평등한 자유의 원칙, 2) 최소 수혜자 우선의 원칙과 기회균등의 원칙으로 정리된다. 매우 타당한 주장이고, 깊은 철학이라 사료된다. 존 롤스에 관해서는 졸저, 『정의로운 국가란 무엇인가』 박영사, 2012, 86 – 88쪽 참조바람.
존 롤스의 정의론을 본문에서 언급 안 한 것은 이 책의 주제와 다르기 때문이다. 본서의 주제는 높은 단계의 플랫폼으로서 성찰성의 필요성과 그 성찰성을 정책학 영역에서 구현하기 위한 방법론에 관한 것이다. 존 롤스의 정의론과 마이클 샌델의 정의론 중 어느 것이 더 높은 단계의 플랫폼에 합당할 지에 대해서는 더 많은 논의와 지면이 필요할 것이나, 본문에서 마이클 샌델을 굳이 언급한 이유는 그가 자유, 공리를 넘어서 더 높은 차원의 미덕을 논의하고 있기 때문이다.

한편, 자유주의냐 공리주의냐 공동체주의냐(혹은 공동체적 자유주의)를 논하는 것 역시 이 책의 주제가 아니다. 다만 언급해두고 싶은 것은, 이러한 사회적 기본질서 너머에, 그 보다 한 차원 높은 곳을 지향해 나가야 한다는 것이다. 가령, 『그리스도의 편지』에 나타난 예수님의 개인윤리나 사회철학이 자유주의냐 공동체주의냐, 혹은 롤스와 샌델의 정의론 어느 쪽에 더 부합하는가를 논하는 것은 적절치 않을 것이다. 왜냐하면 그것은 관점과 차원이 다르기 때문이다. 전자는 우리 안의 더 깊은 자유, 더 깊은 존엄, 더 깊은 평등을 지적함으로써 우리들 개인과 사회의 더 높은 질서를 제시하고 있는 것이다.

27) 성학십도의 핵심 요약은 다음의 책을 참조하였다. 한형조. (2018). 『성학십도: 자기 구원의 가이드맵』. 한국학중앙연구원출판부.

28) 한형조, 전게서, p.61.

29) 한형조, 전게서, p.72.

30) 한형조, 전게서, p.75.

31) 한형조, 전게서, p.105.

32) 한형조, 전게서, p.387과 p.197.

33) 한형조, 전게서, p.639.

34) 『심경』은 『근사록』과 함께 조선 선비들의 마음 수련 교과서가 되었던 책이다.

35) 한형조·권오영·최진덕·이창일·이동희, 전게서, p.65.

36) 김우창. (2016). 『깊은 마음의 생태학』. 김영사. p.198.

37) 김우창, 전게서, p.198.

38) 김우창, 전게서, p.198.

39) 김우창, 전게서, p.200.

40) 김우창, 전게서, p.198.

41) 김우창, 전게서, p.198.

42) 권오봉. (2012). 『퇴계선생 일대기』. 교육과학사. p.333.

43) 최영갑, (2021). 『성학십도』. 풀빛에서 수정 인용.

44) 도덕성 높은 성찰사회라고 표현하면, 누군가는 대동사회(大同社會)를 떠올릴 지도 모르겠다. 하지만 이 둘의 개념은 관점, 이념, 철학 및 방법론에서 차이가 있다. 주지하는 바와 같이, 2천 년 전 공자(孔子)는 그의 저서 예기(禮記)에서 대동사회(大同社會), 소강사회(小康社會), 난세(亂世)로 세상을 구분한 바 있다. 그 중에서도 대동사회는 다 함께 잘 사는 세상을 의미하며, 말하자면 동양의 유가 학파들이 주장한 일종의 이상사회를 말한다. 이것은 현대적인 표현으로 하자면, 경제적으로 풍요롭고, 정치적으로 민주주의를 구현하며, 보편적인 복지가 실현되는 사회를 의미한다.

하지만, 본서에서 말하는 성찰성, 성찰사회는 관점이 보다 더 근본적이다. 즉, 인간의 근원적 본성을 가르는 기준 1) 공리, 2) 자유, 3) 제3의 이성으로서의 실천이성은 그 보다 더 근원적인 이념을 논하고 있다. 이는 낮은 차원의 플랫폼에서 보다 높은 차원의 플랫폼을 지향하기 위해서는 어떤 이념과 방법이 필요한지를 정책학 이론의 관점에서 찾아보고자 한 것이다. 현실적인 언어로 응용하자면, 경제적 풍요, 정치적 자유, 사회적 복지가 될 수 있을지는 모르겠으나, 보다 더 근원적인 인간의 창조적 본성으로 들어가 행복과 정의를 판단하는 기준으로서의 공리, 자유, 실천이성을 논하며, 그에 대응하는 효율, 민주, 성찰을 논하는 것이다. 물질적으로 함께 잘 살고 복지가 이루어짐으로써 백성 입장에서 평화로운 사회가 구현되는 것은 현실적으로 당연히 소망스러운 일이고 만족할만한 일일지도 모르겠지만, 한 차원 더 깊이 들어가 인류의 의식이 깨어나 보다 높은 차원의 정신 질서가 구현되는 사회를 실현하는 방법은 없을까를 학술적으로 고민하며, 이를 실현시킬 수 있는 정책학적 이념과 방법론을 정립하고자 하는 것이 본서의 근본 취지이다. 따라서 성찰사회, 성찰성과 대동사회는 관점, 이념, 철학 및 방법론에서 차이가 있다.

45) 스티븐 핑커. (2014). 『우리 본성의 착한 천사: 인간은 폭력성과 어떻게 싸워 왔는가』. 김명남 옮김. 사이언스북스. 1007쪽.

46) 스티븐 핑커. (2014). 『우리 본성의 착한 천사: 인간은 폭력성과 어떻게 싸워 왔는가』. 김명남 옮김. 사이언스북스. 1005쪽.

47) 스티븐 핑커. (2014). 『우리 본성의 착한 천사: 인간은 폭력성과 어떻게 싸워 왔는가』. 김명남 옮김. 사이언스북스. 1005쪽.

48) 이 절의 내용은 졸저, 『정책학의 성찰』(박영사, 2021)을 수정 보완한 것이다.

49) 이 절의 내용은 졸저, 『정책학의 논리』(박영사, 2014: 48−54)을 수정 보완한 것이다.

50) 찰스 해낼. (2019). 『마음먹은 대로 된다』. 박별 옮김. 뜻있는 사람들.

51) 찰스 해낼. (2019). 『마음먹은 대로 된다』. 박별 옮김. 뜻있는 사람들. 26−29쪽.

52) 찰스 해낼. (2009). 『성공의 문을 여는 마스터키』. 김우열 옮김. 샨티.

53) 기독교식으로 표현하면, 하나님과 성령이 하나이듯이, 성령이 양의 명령(의지)를 발동하여 창조가 이루어지듯이, 개체의 혼(머리)과 영(가슴)은 하나님의 성령인 순수의식의 명령을 따른다. 영(가슴)은 전지전능 무소 부재한 전자(신)로 가득 차 있으니 무엇을 이루지 못하겠는가? 내 가슴(태양신경총)의 영은 외부 우주의 마음(우주의식)과 실시간으로 교류하고 있으니(그리고 사실상 하나이니) 이루지 못할 일이 없는 것이다. "너는 두려워 말라. 내가 너를 지명하여 불렀나니 너는 내 것이라. 네가 물 가운데로 행할 때 내가 너와 함께 함이라. 네가 불 가운데로 지날 때 타지도 아니할 것이요. 불꽃도 너를 사르지도 못하리니.

태초로부터 나는 그이니 내 손에서 건질 자가 없도다. 내가 행하리니 누가 막으리요!"

54) 예수님은 광야에서 40일 단식을 하시고 천지 대자연에 모두 스며들어 있는 창조적 권능을 보셨다. 그것은 우주마음에서 나온 창조적 권능이었는데, 이것이 우주 만유를 모두 생성시키고 있었던 것이다. 미세한 티끌들의 아물거림, 모든 존재와 생명에 내재된 텅 빈 충만을 보신 것이다. 그리고 다음과 같은 사실을 보시고 또 깨달으셨다. 즉, 전하 띤 입자들의 아물거림 속에서 의식이 생명으로, 또 생명은 의식으로 변환되는 유동성을 보셨고, 의식은 개체 낱낱 존재의 형태를 끊임없이 불어넣고 계심을 보신 것이다. 전지전능 무소 부재한 전자들의 움직임 속에서 내가 명령하면(그러니까 나의 창조적 순수의식이 명령하면) 만유에 존재하는 전지전능한 전자들은 이를 받아서 이루어 내고야 만다. 한편 인간 개체는 전체 전지전능한 지성의 아주 작은 일부로서 비유하면 태양에 의해 비춰 진 가냘픈 촛불 정도이다. 모든 개체들이 이게 자신의 본 모습인 줄로 알고 살아간다. 하지만 그렇지 않다. 개체의 본질은 무소 부재한 지성이요, 그 무소부재하고 전지전능한 지성이 그 개체들의 진짜 모습인 것이다. 그러니까 개체가 곧 성령이요 권능이다. 나의 개체를 넘어선 곳에 머물지만 곧 나이기도 한 그 창조적 권능은 하나인 것이다. 즉, 나와 하나님은 본질적으로 하나인 것이다. 알고 쓰면 힘이 나오고, 모르면 그냥 살 수 밖에 없는 것이다. 그래서 말씀의 선포가 중요하다. 나와 하나님은 하나임을 선포하고 담대하게 나아가라. 순수하고 정직하게 그리고 용기를 가지고 담대하게 나아가라. 말씀을 향한 집중화된 생각이 곧 기도이다. 그러니 말씀과 기도를 통해 선언하고, 생각과 행동을 통해 나아가라. 그러면 말이 바뀌고 행동이 바뀌고 사람을 보내 주고 환경을 변화시킬 것이다. 그리고 이루어주신다. "너를 지으신 이가 말씀하시느니라. 너는 두려워하지 말라… 내가 너를 지명하여 불렀나니 너는 내 것이라. 네가 물 가운데로 지날 때에 물이 너를 침몰하지 못할 것이며, 네가 불 가운데로 지날 때에도 불꽃이 너를 사르지도 못하리. 두려워 말라. 내가 행하리니 누가 막으리오(이사야43:1–13). 기록자 받아 씀. (2015). 『그리스도의 편지: 예수가 말하는 예수의 생애와 가르침』. 이균형 옮김. 정신세계사.

55) 본문에서 "물리쳐라," "대체하라"라고 표현하지만, 이는 쉬운 일이 아니다. 이를 위해서는 신경 청소가 필요하다. 무의식이 깨끗이 청소되어 있을 때 감정을 극복하기도 쉬워지고 밝고 긍정적 마음으로 바꾸는 것도 쉬워진다. 신경 청소는 감정을 비워내고 깨끗하게 청소하는 것을 말하는데, 자율진동과 같은 운동기법을 통해 우리의 말초신경(자율신경)을 흔들어 깨어주면 된다. 혹은 얼굴 문지르기나 마사지 등의 기법도 활용된다. 아무튼 자율신경을 활성화시키는 것이 중요한데, 이러한 운동기법은 태양신경총과 같은 신경다발을 깨우고 활성화시킨다. 신경 청소를 통해 감정을 비워내고 깨끗하게 청소하면 뇌가 맑아지고 몸도 가벼

워진다. 이는 신경을 전달하는 망網인 미엘린수초를 깨끗하고 튼튼하게 만들어주기 때문이다. 여기서 한 발 더 들어간 마음의 근본 바탕을 순수 의식이라고 부르는데, 그곳의 본질은 텅 비어 깨어있는 밝은 알아차림이다. 그야말로 대상이 나타나기 이전의 텅 빈 마음인 것이다. 생각과 감정을 수시로 비워 내고 텅 빈 마음을 만들면 거기에 직관과 창의성이 깃든다. 구도 치아키 지음. (2021). 『신경 청소 혁명』. 김은혜 옮김. 비타북스.

56) 우리 내면에 존재하는 무한하고 궁극적인 신성한 흐름은 높은 차원의 파동이며, 그 자체가 하나의 신성한 법칙을 내재하고 있다. 우리 의식의 가장 깊은 근원에 들어가면 우주와 연결되는 거대한 하나의 흐름이 있는데, 그 흐름은 높은 차원의 신성한 파동인 것이다. 이를 인격화하여 기독교에서는 하나님 혹은 무한자無限者, 자존자自存者, 궁극자窮極者라고 부르지만, 비非 인격화한다면 불성, 하늘, 천리, 참 자아라고도 부를 수 있다. 이름이야 뭐라 부르든 실체는 동일한데, 말하자면, 우리 내면에 존재하는 무한하고 궁극적인 신성한 흐름은 높은 차원의 파동이며, 그 자체가 하나의 신성한 법칙을 보유하고 있는 것이다.

57) 공적영지의 마음은 진여심眞如心으로서 낮은 차원의 생멸심生滅心과는 차원이 다른 높은 차원의 마음이다. 불교에서는 이러한 공적영지의 마음이 있는 곳을 아뢰야식이라고 한다. 그리하여 아뢰야식은 자아와 세계의 근원으로서 작용한다. 그런데 아뢰야식은 둘로 구분되는 데, 종자種子와 식識이다. 종자種子는 현상을 경험하면서 저장되는 식識이기에 보통 오염되어 있다. 그런데 그 종자種子를 저장하는 식識은 전혀 그 오염에 물들지 않는다. 청정한 식識인 것이다. 이 청정한 식識 그 자체를(오염 종자와는 전혀 다른 차원으로 구분되어 있다) 청정심, 진여심, 일심, 공적영지의 마음이라고 부른다. 비유를 하자면, 우리 마음은 우주와 같은 크기의 거울과도 같다. 거울은 그 앞에 다가 온 다양한 색깔의 물건들을 모두 비추지만, 그 자체는 그 물건들로부터 물들지 않는다(오염되지 않는다).
여기서 우리는 이렇게 깨달아야 한다. 아하. 우리에게는 오염에 물들지 않는 근원적 마음이 있구나. 욕망과 분노貪瞋癡에 물든 오염의 종자(염오종자라고 부른다)와는 다른 차원의 근원적 마음, 즉 공적영지의 마음이 있구나 하고 깨치는 것이다. 이를 혜능 대사는 다음과 같은 계송으로 읊으셨다.

보리에는 나무樹가 없고   菩提本無樹
마음에는 받침臺이 없네.   明鏡亦無臺
불성은 항상 청정하거늘   佛性常清淨
어디에 먼지가 붙을 수 있겠는가. 何處有塵埃

이는 신수대사의 계송에 응답한 것이었다.

몸은	보리수菩提樹요	身是菩提樹
마음은 명경대明鏡臺라네.		心如明鏡臺
수시로 부지런히 닦아		時時勤拂拭
먼지가 붙지 못하게 하세.		莫使有塵埃

신수대사는 우리 마음을 생멸심으로 보고, 부지런히 닦아 먼지를 털어내자는 것이었고, 혜능대사는 우리 마음을 진여심으로 보아 생멸심과는 다른 차원으로 보았다. 진여심(불성)은 자기지로서 생멸심과는 차원이 달라 먼지가 붙을 수 없는 차원이라는 것이다. 그 한 차원 높은 마음을 공적영지의 마음이라고 한다. 그리고 한 걸음 더 나아가, 그 마음을 늘 그리워하며 일심불란–心不亂하게 외우는 것을 불교 정토종에서는 아미타불이라고 한다.

58) 불교는 무아론을 주장하기에 '나', '자아'라는 단어에 민감하다. 낮은 차원의 자아인 오온(개체적 몸과 마인드)은 무상하고 괴로우며 따라서 나라고 할 수 없다 (무아). 하지만 높은 차원에서 나타나는 대승의 마음, 가령 공적영지나 자기지의 마음은 진여이며 청정심이다. 상락아정(常樂我淨)하는 열반사덕을 갖추고 있다. 즉, 항상하며 즐거움이며 청정하며 참된 나라고 할 수 있다. 또한 일심이며 진심이며 대승심이다. 상일주재의 참된 '나'가 있는가의 문제는 이론으로 따질 문제가 아니며, 체험적 영역에 속한다. 불생불멸(不生不滅), 부증부감(不增不減), 불구부정(不垢不淨)하는 진여불성이 존재한다. 그것은 나의 참된 실상일 뿐만 아니라, 우주 본유의 참된 생명의 모습이다.
부처님은 오온(五蘊)은 내가 아니라고 말했다. 오온이 아니라고 말했지 그렇다고 아무 것도 없다고 말했을까? 참다운 자아, 진여 역시 없는 것일까? 단견(斷見), 상견(常見)으로만 잣대를 대면 이분법이 된다. 그건 흑백논리에 불과하다. 표층적인 사유에서는 유근신(有根身)도 없고 기세간(器世間)도 없다. 아공(我空)이고 법공(法空)이다. 그렇다고 아무 것도 없다는 뜻일까? 심층적인 사유에서는 일심(一心), 진여(眞如), 청정심(淸淨心), 진심(眞心)이 있다. 그것을 있다고 단정 지어 말하지 않는 것뿐이다. 세친은 말했다. 심층의식, 심층마음에서는 미세한 의식의 흐름이 있고, 그것은 열반, 해탈의 상태에서 상락아정(常樂我淨)한다.
한자경(2006: 267) 역시 동일한 견해를 표명한다. 한자경. (2006). 『불교의 무아론』. 이화여자대학교 출판부. "결국 꿈에서 깨어나는 가 아닌가, 진여를 자각하는 가 아닌가. 윤회를 반복할 것인가, 그 매임을 풀어내고 공성을 자각하여 해탈에 이를 것인가. 결국 각자가 마음먹기에 달려 있다." 즉, 오온의 자아(표층의식)는 공하지만, 진여심을 느끼고 공성을 자각하는 마음(심층의식)은 무엇인가? 라고 묻게 되는 것이다.
다시 한자경(2006: 262)은 말한다. "문제는 나와 세계의 공성이 아니라, 그 공을 공으로 깨닫는 마음인 것이다. 꿈꾸는 나를 꿈꾸는 나로 자각하여 꿈에서 깨는 자, 현실의 마음을 자신으로 자각하는 마음인 것이다." 그렇다면, 그 자각하는 자는 누구인가? 그 자가 바로 참다운 자신이다. 진여(眞如), 청정심(淸淨心)인 동시에 그것을 느끼는 주체이다.

59) 그렇다면, 대상이 없어도 어떻게 마음이 깨어 있을 수 있는가? 마음을 대상화 혹은 이원화 하지 않고 마음 자체를 볼 수 있는 것은 마음에 대상을 두지 않고 마음을 비우면서도 마음으로 깨어 있을 수 있기 때문이다. 세계를 대상으로 취하지도 않고 마음 자체를 반성으로 취하지도 않으면서, 그러면서도 성성하게 깨어 있는 것이다. 그때 대상을 여읜 빈 마음은 그 한 찰나에 마음 자체를 보게 된다. 대상을 좇아 산란하지 않되 마음으로 깨어 있으면, 한마디로 공적空寂하되 영지靈知하면, 또는 적적寂寂하되 성성惺惺하면, 마음은 스스로를 대상화함이 없이, 마음 자체를 보게 된다. 원측은 이를 마음의 자기증득 가능성이라고 하고, 무분별지無分別智라고 이름 지었다. 원측, 『해심밀경소』 6권, 「분별유가품」(『한국불교전서』 1권, 308중). 한자경. (2020). 『심층마음의 연구』. 서광사. 177쪽.

60) 이것을 처음 착안하여 학술적으로 제시한 사람은 불교의 유식론 학자인 세친이다. 그는 우리의 마음 안에 경험적 의식과는 구분되는 보편적인 초월적 의식, 심층마음이 있다는 것을 철저하게 이론으로 정립했다. 한자경. (2020). 『심층마음의 연구』. 서광사. 160쪽. 세친은 의식의 단절에도 불구하고 주관적 자아의식이 하나의 단일한 자아의식으로 연결되고, 단편적 객관적 세계의식이 하나의 통일적 세계의식으로 통합되는 근거를 심층 아뢰야식의 전변활동, 즉 심층마음으로 보았다. 서양의 칸트는 마음의 자기인식 불가능성을 말한데 반해 원측과 세친은 마음의 자기인식 가능성을 증명하고 있는 것이다. 한자경, 전게서, 147, 174-177쪽. 이는 진여심, 청정심, 공적영지의 마음이다. 이러한 논제는 세친 이후 원측, 원효, 지눌, 전심법요 등 불교의 일반적인 명제로 자리 잡았다. 세친 저, 현장 역, 『유식30송』 제1세송(『대정장』 31권, 60상); 『성유식론』 2권((『대정장』 31권, 39중); 『전심법요』((『대정장』 4831권, 381상중); 지눌, 『목우자수심결』) 『한국불교전서』 4권, 710하).

61) 한자경은, 현대의 의식론은 a) 깨어 있음: 식(識), 각(覺), b) 대상 의식: 의식(意識)을 대상으로 하며, 전자를 현상적 의식, 후자를 지향적 의식으로 부른다고 말하면서, 현대의 의식론은 깨어 있음을 대상 의식과 구분하고 있지만 그것을 현상 차원의 깨어 있음으로만 이해하지 현상보다 더 깊은 근원에서의 깨어 있음으로 다루지 못한다고 주장했다. 획기적인 발상이며 탁월한 연구로 평가하고 싶다. 그 깊은 근원에서의 깨어 있음을 자기지 혹은 공적영지의 마음이라고 부른다. 진여심, 청정심, 일심 혹은 아뢰야식, 본각(本覺), 불성이라고도 부른다. 그것은 바로 높은 혹은 깊은 차원에서의 마음이다. 한자경, 전게서, 22~25쪽.

62) 에크하르트 톨레는 세계 3대 영적 지도자로 평가받는다. 입소문으로 베스트셀러가 된 『지금 이 순간을 살아라THE POWER OF NOW』에서 저자는 스물아홉 살의 어느 날, 캄캄한 절망의 나락에서 깨달음의 밝은 순간으로 갑작스럽게 솟아올랐던 아름다운 경험을 묘사한다. 그 경험은 그의 어두웠던 과거를 용해시키고 인생행로를 근본적으로 바꾸어 놓았다. 이 책은 지난 10년간 아마존 베스트셀러로 자리를 굳히며 전 세계 독자들로부터 찬사를 받은 책이다.

63) 에크하르트 톨레. (2008). 『지금 이 순간을 살아라THE POWER OF NOW』. 노혜숙, 유영일 옮김. 양문.

64) 선善의지도 낮은 단계의 플랫폼이 있고, 높은 단계의 플랫폼이 있다는 것을 이해할 수 있게 된다. 즉, 낮은 단계의 선善의지는, 본문의 첫 단락에서 언급한, 배고픈 사람을 보면 먹을 것을 나누는 측은지심惻隱之心, 억울한 사람을 보면 함께 분노하는 수오지심羞惡之心, 상대를 만나면 겸손하게 예의를 지키는 사양지심辭讓之心, 옳고 그름을 분별하고 지혜를 짜내는 시비지심是非之心을 말하는 것으로서, 사람이면 누구나 가지게 되는 인의예지 정도의 차원을 말하는 것이고, 높은 단계의 선善의지는, 본문에서 언급한 성인들이 그러하셨던 것처럼, 개인과 사회를 한 단계 더 높은 차원으로 승격시킬 수 있는 정도로 높은 차원을 말하는 것이다.

65) 경제학이 '공리'를 이념으로 한다면, 정치학은 '자유'를 이념으로 한다. 정책학은 자유와 공리를 넘어 제3의 이념인 선善의지, 공동선共同善으로서의 실천이성을 필요로 한다.

66) 대아大我는 우주심宇宙心의 발견이며, 공적영지空寂靈知의 마음이다. 분리된 개체나 입자가 아닌 전체로 연결된 파동이며, 고요하고 텅 빈 마음이다. 텅 비어 깨어있는 밝은 알아차림이다. 기독교식 표현으로는 그리스도 의식의 발견이며, 영적 승리의 단계이다.

67) 이 장에 사용된 그림들은 필자의 졸저, 『정책학의 성찰』(박영사, 2021), 『정책학의 지혜』(박영사, 2019)에서 성찰성과 관련된 부분을 수정한 내용들이다.

68) 이 절의 내용은 졸저, 『정책학의 성찰』(박영사, 2021)을 수정 보완한 것이다.

69) 이 절의 내용은 졸저, 『정책학의 성찰』(박영사, 2021)을 수정 보완한 것이다.

70) North, D. C. (1990). *Institutions, Institutional Change and Economic Performance*. Cambridge, Cambridge University Press.

71) Ostrom, E. et. al. (1994). *Rules, Games, & Common−Pool Resources*. The University of Michigan Press.

72) 개인 차원의 마음챙김에 관해서는 Academy of Management의 "Organizational Mindfulness in Business Schools," Academy of Management Learning & Education, Vol. 10, No. 2.
웹사이트로는 https://doi.org/10.5465/amle.10.2.zqr188. 참조바람.

73) 조직 차원의 마음챙김에 관해서는 Academy of Management의 "Organizational Mindfulness and Mindful Organizing: A Reconciliation and Path Forward," Academy of Management Learning & Education, Vol. 11, No. 4. 웹사이트로는 https://doi.org/10.5465/amle.2011.0002c.

찾아보기

저자약력

권기헌

저자는 현재 성균관대학교 행정학과 교수로 재직하고 있다. 미
국 하버드대학교에서 정책학 석사 및 박사 학위를 취득했으며,
성균관대학교 대학원장을 역임했다. 제26회 행정고시 합격 및
연수원 수석으로 국무총리상을 수상하였으며(상공부 미주통상
과 근무), 한국행정학회 최우수 논문상, 미국정책분석관리학회
최우수 박사학위 선정, 한국학술원 우수도서(2회), 문화관광부
우수도서 추천, 미국 국무성 Fulbright Scholarship 수상을 한 바
있다. 한국정책학회 회장, 한국수력원자력 사외이사(감사위원
장), 국무총리실 정부업무평가위원 등을 통해 정부 및 사회 봉
사활동을 하였다.

대중 및 청소년들의 동기부여, 자아실현, 불교철학 등에 관심이 많으며, 이와 연관하여
《가야산으로의 7일간의 초대》(교보문고 베스트셀러), 《삶의 이유를 묻는 그대에게》,
《포기하지마, 넌 최고가 될거야!》, 《포스트 코로나 이후의 삶》, 《정의로운 국가란 무엇인가》,
《대한민국 비정상의 정상화》, 《정부혁명 4.0》 등을 집필하였다.

학술과 관련하여 정책학, 전자정부론, 행정학을 전공하였다.《Policy Science》(박영사, 2022),
《Smart E-Government》(박영사, 2019), 《정책학의 지혜》(박영사, 2020), 《정책학의 향연》
《정책학의 성찰》(박영사, 2021), 《정책학 콘서트》(박영사, 2018), 《행정학 콘서트》(박영사,
2017) 등이 있다.

정책학의 심층이론 - 높은 차원의 정책학 이론 고찰 -

초판발행   2024년 8월 30일

지은이   권기헌
펴낸이   안종만·안상준

편 집   이승현
기획/마케팅   정연환
표지디자인   Benstory
제 작   고철민·김원표

펴낸곳   (주)**박영사**
             서울특별시 금천구 가산디지털2로 53, 210호(가산동, 한라시그마밸리)
             등록 1959. 3. 11. 제300-1959-1호(倫)

전 화   02)733-6771
f a x   02)736-4818
e-mail   pys@pybook.co.kr
homepage   www.pybook.co.kr
ISBN   979-11-303-1915-5   93350

정 가   17,000원